大学生创新创业指导

主　编　李子毅　刘　佩
副主编　汪友仁　彭进香　李　娅
　　　　黄　文　王华荣
参　编　陈　慧　李　皓　张　玲
　　　　李　波　刘治国

北京理工大学出版社
BEIJING INSTITUTE OF TECHNOLOGY PRESS

内容简介

本书牢牢把握时代脉搏，深入分析当前背景，结合大学生群体的特点，对大学生的创业环境进行了深入分析，从大学生创新与创业概述、创新思维与创新源泉等方面展开叙述，并侧重讲解创新的方法、技术创新、产品设计与创新、创业素质认知、创业项目与资源分析、创业团队的组建、商业模式、创业融资等。

本书注重对大学生创业的具体指导，具有很强的可操作性，是一部集理论性、实践性与科学性于一体的大学生创业教科书，希望从理论到实践为广大青年学子在创业上提供借鉴。

版权专有　侵权必究

图书在版编目（CIP）数据

大学生创新创业指导/李子毅，刘佩主编．—北京：北京理工大学出版社，2019.8（2021.8重印）

ISBN 978-7-5682-7438-8

Ⅰ.①大… Ⅱ.①李… ②刘… Ⅲ.①大学生-创业-高等学校-教材 Ⅳ.①G647.38

中国版本图书馆 CIP 数据核字（2019）第 178152 号

出版发行 / 北京理工大学出版社有限责任公司

社　　址 / 北京市海淀区中关村南大街 5 号

邮　　编 / 100081

电　　话 /（010）68914775（总编室）
　　　　　82562903（教材售后服务热线）
　　　　　68948351（其他图书服务热线）

网　　址 / http：//www.bitpress.com.cn

经　　销 / 全国各地新华书店

印　　刷 / 北京国马印刷厂

开　　本 / 787 毫米×1092 毫米　1/16

印　　张 / 11.5　　　　　　　　　　　　　　　　责任编辑 / 高　芳

字　　数 / 274 千字　　　　　　　　　　　　　　文案编辑 / 赵　轩

版　　次 / 2019 年 8 月第 1 版　2021 年 8 月第 2 次印刷　　责任校对 / 周瑞红

定　　价 / 36.00 元　　　　　　　　　　　　　　责任印制 / 李志强

图书出现印装质量问题，请拨打售后服务热线，本社负责调换

前 言

在校大学生既是国家建设与发展的宝贵人才资源，也是创新创业的主力军，在当今社会高举"大众创业，万众创新"的旗帜下，在国家创新创业驱动发展战略下，提高大学生创新创业能力成为高等教育的重要职责。湖南省高度重视大学生创新创业指导教育工作，教学制度的改革和师资队伍的建设都卓有成效。我国正处于经济社会转型的重要时期，调结构、转方式、促升级是供给改革的重要途径，是保持经济可持续增长的有力武器。通过推进大学生创新创业教育，使更多有创业梦想的大学生参与创业，以创新支持创业，以创业带动就业。与其他创业群体相比，大学生有着较为丰富的知识储备，但创造力有待提高，如何更好地培养这群人是教育工作者当下最主要的任务。

目前，市面上的创业教材多种多样，对创业实践起到了很好的促进作用，但缺少把理论更好地运用到实践中的方法，这也是我们组织创新创业教师共同探讨编写本书的缘由。通过对有关创新创业教材的深入探究和分析总结，以及多年的教学实践发现，编写一本实用性强的教材很有必要，原因有三：一是现有教材在商业模式和市场营销等创业关键环节上阐述不够深入；二是现有教材知识面宽泛，具体实践方法欠缺；三是创业案例的选择一般是知名企业家的创业经历，对大学生的初创实践活动和创业能力提升借鉴意义不大。

基于以上认识，在充分考虑不同学生的特点和大学生创业需求的基础上，我们组织长期从事创新创业教学的一线老师与"SIYB创业培训讲师"团队编写了《大学生创新创业指导》。本书的特点有：

第一，立足理念介绍。本书着力于创业先进理念的介绍，将创新思维、企业管理、市场营销、融资来源相结合，实现了新理论、新理念进教材的目标。

第二，突出方法指导。本书在强调创业理念的同时，也注重创业方法的介绍，不仅详细描述了创业基础所需要的市场调研、产品设计、商业模式制定、营销组合构建的方法，而且介绍了创业计划书写作、财务融资的来源，并对创业案例进行了剖析。

第三，面向实践使用。本书注重对实践的指导，通过案例分析、行业分析等强化理念和方法的实践应用，选取湖南应用技术学院等高校学生创业的真实案例进行分析并应用于教学之中（书中案例涉及的人名均为化名），突出适用性、实用性和新颖性。

第四，强调系统整合。本教材以"理念-方法-实践"为主线，以学生身边的创业故事为案例进行创业引导，实现了理论与实践的结合。

笔者自1996年3月从事教育教学工作以来，曾在学校的多个岗位上任职。2006年开始分管学校成人学历与非学历教育全面工作，2009年以来兼任大学生SIYB培训项目的负责人，每年组织近千名大学生参加SIYB创新创业培训，培养了大量创业成功的大学生。在创业教育的研究和教学过程的信息反馈中，笔者一直在思索一个问题：创新创业作为一项实践性较强的活动究竟能不能教？如果能教，应该怎么教？经过多年的教学实践和跟踪调查，答案越来越清晰，创业教不了，但创业所涉及的知识和方法是可以教的。

将教材优质化、本土化、特色化既符合因材施教的教育理念，又兼顾国家对高等教育的要求。衷心希望本教材能成为大学生创新创业的有效工具，帮助大学生成才，在时代大潮中建功立业，实现自己的人生价值。

在编写过程中，编者借鉴了国内外创新创业教育的研究成果和创业者的实践经验，在此表示衷心的感谢！

由于作者们水平所限，书中难免存在疏漏和不足之处，恳请专家和广大读者批评指正。

编　者

2019年5月

目 录

第1章 大学生创新与创业概述 (1)
 1.1 创新与创业 (1)
  1.1.1 创新概述 (1)
  1.1.2 创业概述 (3)
 1.2 创业的过程 (6)
 1.3 创业的要素 (8)
 1.4 创业精神 (9)
 1.5 当今创业的时代背景 (13)
  1.5.1 互联网与创业 (13)
  1.5.2 知识经济与创业 (14)

第2章 创新思维与创业调研方案设计 (18)
 2.1 创新思维 (18)
  2.1.1 创新思维的定义 (18)
  2.1.2 创新思维的特征 (19)
  2.1.3 创新思维的作用 (21)
  2.1.4 创新思维的分类 (21)
  2.1.5 创新思维与实践 (23)
 2.2 创业调研方案设计 (25)
  2.2.1 创业调研方案设计的概念 (25)
  2.2.2 创业调研方案设计的重要性 (25)
  2.2.3 创业调研方案设计的主要内容 (26)

第3章 创新的方法 (31)
 3.1 "头脑风暴"法 (31)
  3.1.1 "头脑风暴"法的概念 (32)
  3.1.2 "头脑风暴"法的基本规则 (32)

   3.1.3 "头脑风暴"法的小组成员 …………………………………… (33)
   3.1.4 "头脑风暴"法的实施 ……………………………………… (34)
 3.2 综摄法 ……………………………………………………………………… (36)
   3.2.1 综摄法的概念 …………………………………………………… (37)
   3.2.2 综摄法的基本假定 ……………………………………………… (37)
   3.2.3 综摄法的基本原则 ……………………………………………… (37)
   3.2.4 综摄法的模拟技巧 ……………………………………………… (38)
   3.2.5 综摄法的操作步骤 ……………………………………………… (38)
 3.3 信息交合法 ………………………………………………………………… (38)
   3.3.1 信息交合法的概念 ……………………………………………… (39)
   3.3.2 信息交合法的实施 ……………………………………………… (39)
   3.3.3 信息交合法的运用 ……………………………………………… (39)
   3.3.4 信息交合法的原则 ……………………………………………… (40)
 3.4 "5W2H"分析法 …………………………………………………………… (40)
   3.4.1 "5W2H"分析法的概念 ………………………………………… (40)
   3.4.2 "5W2H"分析法的应用 ………………………………………… (40)
 3.5 奥斯本检核表法 …………………………………………………………… (41)
   3.5.1 奥斯本检核表法的定义 ………………………………………… (41)
   3.5.2 奥斯本检核表法的优势 ………………………………………… (42)
   3.5.3 奥斯本检核表法的步骤 ………………………………………… (42)
 3.6 "六顶思考帽"法 …………………………………………………………… (42)
   3.6.1 "六顶思考帽"法的概念 ………………………………………… (42)
   3.6.2 "六顶思考帽"法的基本思维模式 ……………………………… (43)
   3.6.3 "六顶思考帽"法的应用 ………………………………………… (43)

第4章 技术创新 …………………………………………………………………… (45)
 4.1 技术创新概述 ……………………………………………………………… (45)
   4.1.1 技术创新的概念和相关理论 …………………………………… (46)
   4.1.2 技术创新的类型 ………………………………………………… (48)
   4.1.3 技术创新过程的模型 …………………………………………… (49)
 4.2 技术创新管理 ……………………………………………………………… (50)
   4.2.1 技术创新管理体系 ……………………………………………… (51)
   4.2.2 技术创新管理的重要性 ………………………………………… (53)

第5章 产品设计与创新 …………………………………………………………… (56)
 5.1 新产品开发概述 …………………………………………………………… (56)
 5.2 产品设计 …………………………………………………………………… (57)

  5.2.1 设计创意的产生 …………………………………………………………… (57)
  5.2.2 产生设计创意的方法 ………………………………………………………… (58)
  5.2.3 资料收集 …………………………………………………………………… (59)
 5.3 构建产品概念 …………………………………………………………………… (60)
  5.3.1 产品概念 …………………………………………………………………… (61)
  5.3.2 构建产品概念的流程 ………………………………………………………… (62)
 5.4 产品评估 ………………………………………………………………………… (64)
  5.4.1 客户群体 …………………………………………………………………… (64)
  5.4.2 客户需求 …………………………………………………………………… (64)

第6章 创业素质 …………………………………………………………………………… (68)
 6.1 创业者概述 ……………………………………………………………………… (68)
 6.2 创业者素质 ……………………………………………………………………… (72)
  6.2.1 创业者素质的概念 …………………………………………………………… (72)
  6.2.2 创业者素质的构成 …………………………………………………………… (72)
  6.2.3 创业者素质的自我认知与判断 ……………………………………………… (74)
 6.3 创业者的能力 …………………………………………………………………… (75)
 6.4 创业者的价值观 ………………………………………………………………… (77)

第7章 创业项目与资源分析 ……………………………………………………………… (79)
 7.1 创业项目的识别 ………………………………………………………………… (79)
  7.1.1 创业项目与创业机会 ………………………………………………………… (79)
  7.1.2 创业机会的特征与类型 ……………………………………………………… (80)
  7.1.3 创业项目机会的识别 ………………………………………………………… (80)
  7.1.4 创业项目的评估 ……………………………………………………………… (81)
 7.2 创业项目的风险分析 …………………………………………………………… (83)
  7.2.1 创业项目风险的构成与分类 ………………………………………………… (83)
  7.2.2 创业项目的风险规避途径 …………………………………………………… (85)
 7.3 创业项目的资源需求分析 ……………………………………………………… (86)
  7.3.1 创业项目资源概述 …………………………………………………………… (86)
  7.3.2 创业资源的作用 ……………………………………………………………… (89)
  7.3.3 创业资源的获取方式 ………………………………………………………… (90)
 7.4 创业资源的整合 ………………………………………………………………… (91)
  7.4.1 创业资源整合的原则 ………………………………………………………… (91)
  7.4.2 创业资源整合的途径 ………………………………………………………… (91)
 7.5 创业资源的创造性利用 ………………………………………………………… (93)

第8章 创业团队的组建 (95)
8.1 创业团队类型 (95)
8.2 创业团队的组建程序 (97)
8.3 创业团队的管理 (99)
8.4 创业团队常见问题与解决方法 (100)
8.4.1 创业团队常见的问题 (100)
8.4.2 创业团队常见问题的解决方案 (101)

第9章 商业模式 (103)
9.1 商业模式的概念 (103)
9.1.1 商业模式的定义 (103)
9.1.2 商业模式与企业战略、管理模式的关系 (104)
9.2 企业常见的商业模式 (104)
9.3 商业模式的构成 (109)
9.4 商业模式"画布" (113)
9.5 商业模式创意应用设计 (114)
9.5.1 创意想法的描述 (114)
9.5.2 商业模式的要素 (116)
9.5.3 商业模式的描述 (117)
9.5.4 商业模式的检验 (119)
9.6 创业计划与商业计划书撰写 (120)
9.6.1 创业计划的概念、特点与作用 (120)
9.6.2 商业计划书的内容 (121)

第10章 创业融资 (131)
10.1 大学生创业融资的现状 (131)
10.2 创业融资机理及模式 (132)
10.2.1 创业融资机理 (132)
10.2.2 创业融资模式 (133)
10.3 创业融资渠道及探索 (136)
10.4 创业融资风险及管理 (140)
10.4.1 创业融资风险 (140)
10.4.2 创业融资风险管理与规避 (141)
10.5 创业融资瓶颈及原因 (142)
10.5.1 创业成本规模 (142)
10.5.2 找不到融资出资方 (143)

第 11 章 新创企业的管理 (145)

11.1 新成立企业 (145)
11.1.1 企业法律形式的选择 (145)
11.1.2 企业的工商、税务登记 (147)

11.2 企业的内部管理 (148)
11.2.1 组织结构的选择 (148)
11.2.2 薪酬体系的构建 (150)
11.2.3 企业文化的构建 (152)

11.3 企业的风险管理 (155)
11.3.1 创业风险的构成与分类 (155)
11.3.2 风险防范的途径 (157)
11.3.3 创业者风险承担能力的评估 (158)

11.4 企业的成长管理 (159)

11.5 企业管理创新 (162)

附录 1 MBTI 性格类型测试问卷 (165)

附录 2 职业价值观测评 (169)

参考文献 (172)

第1章

大学生创新与创业概述

> **内容提要**
>
> 创业是人类基本的实践活动,从某种意义上说,人类社会发展的历史就是一部不断创业的历史。创新能够驱动发展,带动新技术、新产业、新模式的出现。通过各个时代人们不断地创业,人类不断地创造新的物质财富和精神财富,来满足自身物质和精神的需要,从而推动社会不断进步,使社会逐步走向文明、昌盛、富强。

> **学习目标**
>
> ①了解创新与创业的概念与类型;
> ②掌握创业的要素和过程;
> ③理解创业精神及其对个人发展的影响;
> ④了解当今创业的时代背景。

1.1 创新与创业

1.1.1 创新概述

1. 创新的定义

创新是指以现有的思维方式提出区别于常规或常人思路的见解,利用现有知识和物质,在特定环境下,为满足社会的需求而改进或创造新的事物、方法、元素、路径、环境,并且能够获得一定效果的行为。

创新是以新思维、新发明和新描述为特征的概念化过程,是人类特有的认知能力和实践能力,是人类主观能动性的高级表现形式,是推动民族进步和社会发展的不竭动力。一个民族要想走在时代前列,就一刻也不能没有理论思维,一刻也不能停止理论创新。创新在经济、商业、技术、社会等领域的研究中有着举足轻重的作用。

在我国,经常用"创新"一词表示改革的成果。改革被视为经济发展的主要推动力,促进创新的因素也被视为至关重要的条件。对于创新概念的理解一般有狭义和广义两个层次。狭义的创新概念立足于把技术和经济结合起来,即创新是一个从新思想的产生到产品设计、生产、营销和市场化的一系列活动。广义的创新概念力求将科学、技术、教育等与经济融汇起来,即创新表现为不同参与者和机构(包括企业、政府、学校、科研机构等)之间交互作用的网络。在这个网络中,任何一个节点都可能成为创新行为实现的特定空间。创新行为因而可以表现在技术、体制或知识等不同层面。

2. 创新的类型

创新是创业的源泉、本质和灵魂,创新能力是进行创业最重要的资本。创新的类型主要包括:

(1) 盈利模式创新

盈利模式创新是指公司寻找全新的方式将产品和其他有价值的资源转化为现金的创新活动。这种创新常常会挑战一个行业关于生产产品类别、价格确定、收入实现等问题的传统观念。溢价和竞拍是盈利模式创新的典型案例。

(2) 网络创新

在当今网络互联的世界里,没有哪家公司能够不依靠互联网完成所有工作。开放式创新方式是网络创新的重要手段。

(3) 结构创新

结构创新是通过采用独特的方式组织公司的资产(包括硬件、人力或无形资产)来创造价值,可能涉及人才管理系统、重新固定设备配置等方面。结构创新包括建立激励机制,鼓励员工朝某个特定目标努力,实现资产标准化以降低运营成本和复杂性。

(4) 流程创新

流程创新涉及公司主要产品或服务的各项生产活动和运营。这类创新需要彻底改变以往的业务经营方式,使公司具备独特的能力,高效运转,迅速适应新环境,并获得领先市场的利润率。流程创新常常是一个企业核心竞争力的重要组成部分。

(5) 产品性能创新

产品性能创新是指公司在产品或服务的价值、特性和质量方面进行的创新。这类创新既涉及全新的产品,也包括能带来巨大增值的产品升级和产品线延伸。产品性能创新常常最容易被竞争对手模仿或超越。

(6) 产品系统创新

产品系统创新将单个产品和服务联系或捆绑起来创造出一个可扩展的强大系统,帮助公司建立一个能够吸引和取悦顾客的生态环境,应对竞争对手。

(7) 服务创新

为了保证并提高产品的性能和价值，企业应不断地进行服务创新，使一个产品更容易被试用和享用，为顾客展现他们可能忽视的产品特性和功用，解决顾客遇到的问题并弥补产品体验中的不愉快。

(8) 渠道创新

渠道创新是指将产品与顾客和用户联系在一起的所有手段。例如电子商务在近年来成为销售渠道的主导力量，但实体店等传统渠道依旧发挥着作用，特别是在创造身临其境的体验方面。这方面有经验的创新者常常能发掘出多种互补方式，将他们的产品和服务呈现给顾客。

(9) 品牌创新

品牌创新有助于顾客和用户识别、记住产品，并在面对和竞争对手的产品或替代品时选择本公司的产品。好的品牌创新能够提炼一种"承诺"，吸引买主并传递一种与众不同的身份感。

(10) 顾客契合创新

顾客契合创新要理解顾客和用户的深层愿望，发展顾客与公司之间富有意义的联系。顾客契合创新开辟了广阔的探索空间，可以帮助人们找到合适的方式把自己生活的一部分变得更加难忘、富有成效并充满喜悦。

创新主体需要综合应用上述多种创新类型，才能打造可持续的竞争优势。

案例 1.1

上海某机械公司近年来坚持走"技术创新，加强科技投入"的道路，依靠新技术、新产品走天下。在"新千年首次订货会"上，签订合同金额达 400 多万元，用户来自浙江、江苏、内蒙古、四川、广西、福建、山东、湖南等 17 个省，销售形势十分看好。该公司当年一直沿着简单模仿其他厂家的机械的老路子，销售一直打不开局面，公司领导决定走创新之路，先后开发成功热风循环快速纸箱烘干机、全自动平台模切机、大规格纸箱成型机等新产品，用户想到的，他们千方百计去做好；用户没想到的，他们也想尽办法去做好。"想用户所想，急用户所急"成为公司的宗旨。扬州某纸制品公司看到该公司 2 600×1 800 大型平台自动模切机爱不释手，在订货会上立即拍板，当场提货；浙江省某服装生产集团买走了该公司的模切机、纸箱成型机、分纸压线两用机、双色水性印刷开槽机等十多台大型设备；黑龙江某家具公司看了国内二十多家纸箱机械厂家，最后还是看中了该公司的设备。

1.1.2 创业概述

1. 创业的定义

对于创业，不同的学者从不同的角度出发有着不同的解释。有人认为，创业是创业者对自己拥有的资源或通过努力能够拥有的资源进行优化整合，从而创造出更大经济或社会价值的过程。还有人认为，创业是一种劳动方式，是一种需要创业者运用组织、服务、技术进行思考、推理和判断的行为。全球创业研究和创业教育的开拓者杰弗里·蒂蒙斯教授认为："创业是一种思考、推理和行为方式，这种行为方式是机会驱动、注重方法和与领导相平衡。创业导致价值的产生、增加、实现和更新，不只是为所有者，也为所有参与者和利益相关者。"当代管理大师彼得·德鲁克认为："任何敢于面对决策的人，都可能通过学习成为一个创业者并具有创业精神。创业是一种行为，而不是个人的性格特征。"创业是一种可以组织，并且需要组织的系统性工作。

借鉴以上定义，并结合现实创业实践内容，人们将开创新事业、扩大现有的生产规模、改变现有的经营模式都归结为创业。

2. 创业的类型

随着创业活动的日益广泛，创业活动的类型也呈现出多样化的趋势。了解创业类型、比较不同类型创业活动的特点，有助于我们更好地理解和开展创业活动。创业类型的划分方式很多，所依据的标准也不尽相同。下文从不同的维度出发对创业的类型进行划分。

1）依创业目的可分为机会型创业和生存型创业。

机会型创业的目标是抓住并利用市场机遇，创造新的需要或满足潜在需求，常常会带动新产业发展。生存型创业是为了谋生而自觉或被迫地创业，大多偏于尾随和模仿，常常会加剧市场竞争。

2）依创业起点可分为创建新企业和既有组织内创业。

创建新企业是指创业者从无到有地创建全新企业的过程，这个过程充满机遇和挑战，风险和难度较大，创业者需要具备足够的资源、经验和支持。既有组织内创业是指在现有组织内进行有目的的创新，例如公司由于产品、营销及组织管理体系等方面的原因，在企业内进行重新创建。

3）依创业者数量可分为独立创业和合伙创业。

独立创业是指创业者独自创办企业，产权归创业者个人所有，企业由创业者自由掌控，决策迅速，但创业者要独自承担风险，创业资源整合比较困难，企业发展受个人才能限制。合伙企业是指与他人共同创办企业，其优势和劣势正好与独立创业相反。

4）依创业项目性质可分为传统技能型创业、高新技术型创业和知识服务型创业。

传统技能型创业是指使用传统技术或工艺的创业项目，如酿酒、饮料、中药、工艺美术片等。高新技术型创业是指知识密集度高、带有前沿性和研究开发性质的新技术，新产品创业项目，例如将航天技术领域的成果实现产业化，形成新产品。知识服务型创业是指为人们提供知识、信息等的创业项目，例如会计师事务所、工程咨询公司等各类知识性咨询服务机构，这类项目投资少、见效快，但竞争日渐激烈。

5）依创业方向和风险可分为依附型创业、尾随型创业、独创型创业和对抗型创业。

依附型创业可分为两种情况：一是依附于大企业或产业链而生存，在产业链中明确自己的角色，为大企业提供配套服务；二是特许经营权的使用，例如利用知名品牌效应和成熟的经营管理模式，通过连锁、加盟等方式进行创业。尾随型创业是模仿行业内已有的同类企业或类似经营项目进行创业。独创性企业是指提供的产品和服务能够填补市场空白，大到独创商品，小到商品的某种技术，如环保洗衣粉等。对抗型创业是指进入其他企业已经形成垄断地位的某个市场，与之对抗、较量。

6）依创业方式可分为复制型创业、模仿型创业、安定型创业和冒险型创业。

复制型创业是在现有经营模式的基础上进行简单复制的过程，例如某人原本在一家化工产品制造企业担任生产部经理，后来离职创立一家与原化工产品制造企业相似的新企业，且生产的产品和销售渠道与离职前的那家企业相似。模仿型创业是一种在借鉴现有成功企业经验基础上进行的重复性创业，具有较高的不确定性，学习过程长，犯错误的机会多，试错成本高。如果创业者素质较高，接受过系统培训，市场进入契机把握好，创业成功的可能性也比较大。这种创业虽然很少给顾客带来新创造的价值，创新的成分也很低，但对创业者自身命运的改变较大。例如，某软件工程师辞职后，模仿别人开一家饮食店。安定型创业是一种在比较熟悉的领域所进行的不确定因素较小的创业，强调个人创业精神的实现，而不是对原有组织结构进行设计和调整。例如，企业内的研发团队在完成一项新产品开发之后，继续在该企业内开发另一款新的产品。冒险型创业是在不熟悉的领域进行的不确定性较大的创业。这种创业对创业者具有较大的挑战，能够为其带来很大的改变，但个人前途的不确定性也很高，以创新的方式为人们提供具有自主知识产权的新产品、新服务的创业活动，便属于这种类型的创业。

7）依创业主体可分为个体创业和公司创业。

个体创业指不依附于某一特定组织而开展的创业活动。公司创业指在已有组织内部发起的创业活动，这种创业活动可以由组织自上而下地发动，也可以由员工自下而上地推动，无论推动者是谁，公司内的员工都有机会通过主观努力参与其中，在创业中获得报酬并得到锻炼。从创业本质来看，个体创业与公司创业有许多共同点，但是由于创业主体在资源、组织形态和战略目标等方面各不相同，因而二者在创业的风险承担、成果收获、创业环境、创业成长等方面存在较大差异，见表1-1。

表1-1 个体创业和公司创业的主要差异

个体创业	公司创业
创业者承担风险	公司承担风险，而不是与个体相关的生涯风险
创业者拥有商业概念	公司拥有与商业概念有关的知识产权
创业者拥有全部或者大部分事业	创业者或许拥有公司的权益，但可能只是一小部分
创业者的潜在回报是无限的	创业者在公司内所能获得的潜在回报是有限的
个体的一次失误可能意味着整个创业失败	公司拥有更多的容错空间，能够吸纳失败
受外部环境波动的影响较大	受外部环境波动的影响较小

续表

个体创业	公司创业
创业者具有相对独立性	公司内部的创业者更多受团队的牵制
在过程、试验和方向的改变上具有灵活性	公司内部的规划、程序和官僚体系会阻碍创业者的策略调整
决策迅速	决策周期长
低保障,缺乏安全网	高保障,有一系列安全网
在创业主意上,可以沟通的人较少	在创业主意上,可以沟通的人较多
在创业初期,规模经济和范围经济有限	能够很快实现规模经济和范围经济
严重的资源局限性	在各种资源的占有上都有优势

1.2 创业的过程

创业过程是企业为实现其任务和目标而发现、分析、选择和利用市场机会的管理过程,按照时间顺序可以分为分析市场机会、选择目标市场、设计市场营销组合和管理创业活动四个阶段,如图 1-1 所示。

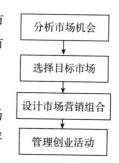

图 1-1 创业的过程

1. 分析市场机会

分析市场机会是创业过程的核心,也是创业管理的关键环节。市场机会是指未被满足的需要。分析市场机会包括寻找、发现市场机会和评估市场营销机会两个方面的活动。

(1) 寻找、发现市场机会

寻找、发现市场机会是企业分析市场机会的必要前提,它包括以下三种方式:1) 分析企业的营销环境,从宏观和微观的营销环境中及时识别市场机会,发现其中的有利因素和不利因素;2) 广泛收集市场信息,建立完善的市场营销信息系统,开展调查研究工作,通过市场调研来寻找、发现未被满足的需要;3) 制造机会,能够对营销环境变化做出敏捷的反应,善于在寻常事物中发现机会,并利用技术优势开发出新产品。

(2) 评估市场营销机会

评估市场营销机会是企业分析市场机会的重要基础。市场营销机会是指对企业的营销具有吸引力的、企业能获得竞争优势和差别利益的市场机会。市场机会成为企业的营销机会要具备三个条件:1) 与企业的任务和目标一致;2) 符合企业的资源条件;3) 企业利用该机会能获得更大的利益。

2. 选择目标市场

选择目标市场是企业创业过程中面临的一个重要问题。很多企业没有足够的人力资源和资金满足整个市场或追求过大的目标，只有扬长避短，找到有利于发挥本企业现有的人、财、物优势的目标市场，才不至于在庞大的市场上盲目选择。

选择目标市场主要包括市场需求预测、市场细分、市场目标化和市场定位四个步骤。

1）市场需求预测是在市场调研的基础上，运用科学的理论和方法，对未来一定时期的市场需求量及影响需求的因素进行分析研究，寻找市场需求发展变化的规律。

2）市场细分是通过市场调研，依据消费者的需要、购买行为和购买习惯等方面的差异，把某一产品的市场整体划分为若干消费者群的市场分类过程。每一个消费者群就是一个细分市场，每一个细分市场都是具有类似需求倾向的消费者构成的群体。

3）市场目标化是在评估各个细分市场后，选择合适的细分市场作为目标市场。

4）市场定位是根据市场的竞争情况和企业的条件，确定企业产品在目标市场上的竞争地位。具体地说，就是在目标顾客的心目中为产品创造特色，赋予一定的形象，以适应顾客的某种需要和偏好。

3. 设计市场营销组合

营销组合是企业的综合营销方案，即企业根据目标市场的需要和企业的市场定位，对产品、价格、渠道、促销等策略的优化组合和综合运用，使之协调配合，扬长避短，发挥优势，以便更好地实现营销目标。

1）产品策略。企业以向目标市场提供各种适合消费者需求的有形和无形产品的方式来吸引消费者。

2）价格策略。企业按照市场规律制定价格和变动价格，从而增加企业的销售量，获得最大利润。

3）渠道策略。企业合理地选择分销渠道并组织商品实体流通，从而实现其营销目标。

4）促销策略。企业利用各种信息传播手段刺激消费者的购买欲望，从而促进产品销售，实现利润增长。

4. 管理创业活动

管理创业活动包括计划、组织、执行和控制等一系列过程。计划是指制订支持创业的计划。组织是指协调所有创业人员的工作，同其他部门密切配合，组织创业资源的使用。执行和控制是指执行营销计划，利用控制系统控制意想不到的事发生，实现创业的目标。

案例 1.2

毕业于湖南某高校环境设计专业的杨某最大的理想就是创业。

他参加了第十四届中国大学生广告艺术节、2016 年常德市旅游乡村创客大赛、第十五届中国大学生广告艺术节、2016 年"建行杯""互联网+"创新创业大赛，2017 年常德市创新创业大赛且成绩非凡。通过参加各种活动，他积累了大量的实战和路演经验，同时得到了很多评委专家的指导与帮助，认识了很多志同道合的"创友"。这些经历与收获为他的创业之路打下了坚实的基础。

读书期间，杨某发现：大学里的打印是"刚需"，每个同学每个学期都会有很多的作业和资料需要打印。通过对生活的观察、"互联网+"的体验和果断的市场判断,他敏感地体察到学生对打印事务的迫切需求,于是将创业目光聚集在了校园互联网便捷服务——云打印项目上,创建了属于自己的创客公司。

创业的最大目标是满足人们的某种需要,解决未被解决的问题。深入生活,理解生活,在各种生活积淀中识别创业机会,有助于把握创业成功的核心要素,更好地发现创业机会,实现创业成功。

1.3 创业的要素

创业是一项非常艰苦的事业,是一个复杂的系统,需要多种条件、资源和要素。通常来说,创业包括三个要素,即机会、团队和资源。

1. 创业机会

创业机会往往是一个新的市场需求,或者是一个需求大于供给的市场需求,或者是一个可以开辟新产品的市场需求,这样的市场需求并非只有创业者认识到,其他的竞争者也许会很快加入竞争的行列。因此,并不是每一个创业机会都需要创业者付出行动去满足它。

2. 创业团队

创业团队不是一群人的简单组合,它要求团队成员能力互补,拥有共同的愿景和价值观,通过相互信任、自觉合作、积极努力而凝聚在一起,并且愿意为共同的目标奉献自己,发挥自己最大的潜能。

3. 创业资源

创业资源是指初创企业在创造价值的过程中需要的特定资产,包括有形资产与无形资产,它是新企业创立和运营的必要条件,包括人才、资本、机会、技术和管理等。

4. 创业要素之间的关系

杰弗里·蒂蒙斯在长期研究的基础上,提出了创业要素模型——蒂蒙斯模型,如图1-2所示。

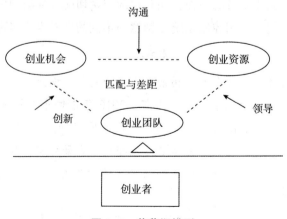

图1-2 蒂蒙斯模型

蒂蒙斯模型在创业领域有着深远的影响。首先，该模型简洁明了地提炼出创业的关键要素：机会、团队和资源。这三个要素是创业活动不可或缺的。没有机会，创业活动就成了盲目的行动，根本谈不上创造价值；机会普遍存在，没有团队识别和开发机会，创业活动也不可能发生；合适的团队把握住合适的机会，还需要有资源，没有资源，机会就无法被开发和利用。

其次，该模型突出了要素之间匹配的思想，这对创业来说十分重要。蒂蒙斯认为，在创业活动中，机会、团队和资源没有好和差之分，重要的是匹配和平衡。这里说的匹配，既包括机会与团队之间的匹配，也包括机会与资源之间的匹配。机会、团队、资源之间的平衡和协调，是创业成功的基本保证。

最后，该模型具有动态特征。创业的三要素很重要，但不是静止不变的。随着创业过程的开展，其重点也会相应地发生变化。创业过程实际上是创业的三个因素相互作用，由不平衡向平衡方向发展的过程。成功的创业活动，不仅要将机会、团队、资源做出最适当的搭配，而且要使其在事业发展过程中始终处于动态的平衡状态。

1.4 创业精神

创业精神是以创新、变革为核心的个性品质，是推动社会经济变革、促进社会经济发展的重要力量。它既体现在创业者个体在创业实践活动中所表现出来的独特的市场判断能力、与众不同的行为方式，以及敢于冒险、敢于担当、百折不挠的品质和意志等方面，也体现在一个国家或一个企业的技术创新、经营模式创新、管理制度创新、产业创新等。它既对个体的人生追求和事业发展具有重要影响，也对企业的发展、民族的兴旺和国家的繁荣具有重要影响。

案例 1.3

毕业于湖南某高校财务管理专业的肖某在从事了多份工作发现与自己的理想渐行渐远后开始创业。他的第一次创业是和几个朋友开了一间面积 100 多平方米的清吧，刚开业期间生意很好，场场爆满。但是由于股东多，意见不一致，常常因为经营理念产生分歧，经营状况越来越差，不到一年时间，清吧就经营不下去了。从清吧的经营中，肖某看到了酒水的利润很大，于是，他变卖了清吧的股份，开始第二次创业，做起了烟酒的批发零售。他看准市场，果断投资 20 万，成立了酒业公司。一年后公司的销售收入已达到 40 余万元。对于未来，他自信地说："我希望可以把自己的公司在不懈的努力下做大做强。"

随着社会经济的发展，人们的观念也随之不断变化，如果创业者不能够意识到这种变化，及时抓住相应变化，就有可能影响到企业的发展和创业成功。反之，则有助于确定创业机会的适宜领域或回避领域。

1. 创业精神的概念

创业精神的概念出现于18世纪，多年来，其含义不断变化。综合已有的创业精神的定义，创业精神是创业者在创业过程中重要行为特征的高度凝结，主要表现为敢于创新、勇担风险、团结协作、坚持不懈等。创业精神的基本内涵可以从哲学层面、心理学层面、行为学层面加以理解：在哲学层面，创业精神是人们对创业行为在思想观念上的理性认识；在心理学层面，创业精神是人们在创业过程中体现的创业意志和创业个性的心理基础；在行为学层面，创业精神是人们在创业时所表现出的创业品质和创业素质的行为模式。

创业精神是创业者各种素质的综合体现，它集冒险精神、风险意识、效益观念和科学精神为一体，体现了创业者开创性的观念、思想和个性，以及积极进取、不惧失败和敢于承担等优秀品质。创业精神是一种抽象的品质，是推动创业者创业实践的重要力量，具体表现在以下三个方面：第一，创业精神能让创业者发现别人注意不到的趋势、变化和市场前景；第二，创业精神能让创业者在新事物、新环境、新技术、新需求、新动向面前具有较强的接受力和转化力；第三，创业精神能让创业者不断地寻找机遇，追求创新，推出新的产品和新的经营方式。

2. 创业精神的来源

创业精神的形成与发展受相应文化环境、产业环境、生存环境等的影响。

（1）文化环境

创业本身是一种学习。创业者离不开现实文化环境，创业者生活区域的文化是学习的重要内容之一，因此在一个商业文化氛围浓厚的地方，潜在的创业者容易培养创业精神。例如，温州发达的商业文化传统，孕育了当今温州商人的创业精神。

（2）产业环境

不同的产业环境会对创业精神产生影响。垄断行业的企业缺少竞争，容易抑制创业精神的产生，而在一个完全竞争的市场环境中，企业间优胜劣汰，竞争激烈，更有可能形成创业精神。

（3）生存环境

从创业视角分析，在资源相对贫瘠的地方，人们为了改善生存状况而寻求发展机会，更容易整合外界资源，进而催生创业念头，激发创业精神。

3. 创业精神的特征

经济学家熊彼特将创业精神看作一种具有创造性和破坏性的力量，创业者创造的"新组合"使旧产业遭到淘汰，原有的经营方式被全新的、更好的方式替代。管理学家德鲁克将这一理念推进了一步，将创业者称作"是主动寻求变化、对变化做出反应并将变化视为机会的人"。

综观各个学派对创业精神的理解，通过对创业者的创业活动和人格特征的深入分析，本书将创业精神的特征概括为以下几个方面：

（1）综合性

创业精神是由很多精神特质综合作用而产生的，创新精神、拼搏精神、专注精神、进取精神、合作精神等都是创业精神的重要特质。

（2）整体性

创业精神是由哲学层面的创业观念、心理学层面的创业意志和行为学层面的创业品质构成的整体，缺少其中任何一个层面，都无法构成创业精神。

（3）先进性

创业精神体现在立志开创前无古人的事业，具有超越历史的先进性，想前人未曾想、做前人未曾做。

（4）时代性

不同时代的人面对着不同的物质生活条件和精神生活条件，创业精神的物质基础和精神营养自然有所不同，创业精神的内容也各不相同。

（5）地域性

创业精神带有地域特色。

4. 创业精神的作用

创业精神能激起人们进行创业实践的欲望，是一种心理上的内在动力。创业精神在很大程度上决定着一个人是否敢于投身创业实践，支配着人们对创业实践活动的行为和态度，并影响着行为和态度的方向及强度。

创业精神能够在个人成就的取得（个人如何成功地创建自己的企业）、大企业的成长（大公司如何使整个组织重新焕发创业精神，以具有更强的竞争力）和国家的经济发展（帮助人民变得富裕）领域产生作用，帮助个人、企业，乃至整个国家或地区获得成功。当前，世界产业结构正经历着转变，创业精神有利于加快经济发展模式转变，促使经济社会又好又快发展。

5. 创业精神的培育

（1）培育创业人格

个性特征对个体创业来说是极其重要的，尤其是独立性、敢为性、坚持性等特征。人格教育与创业能力、创业精神的培养是相辅相成的，高校要根据大学生的心理特点，有针对性地教授心理健康方面的知识，引导大学生树立心理健康意识，强化心理素质，增强心理调节能力和对于社会的适应能力，自觉培养坚韧不拔的品质和艰苦奋斗的精神，提高承受挫折和解决问题的能力。此外，还可以采用创业案例剖析创业者的人格特征，进行心理训练等，让学生了解形成良好心理素质与优秀人格的途径。

（2）培养创新能力

创新能力是创业精神的核心，高校必须重视对学生创新能力的培养，尊重学生的个性发展，爱护和培养学生的好奇心，为学生潜能的充分开发营造出一种宽松的氛围。鼓励学生勇于突破，有针对性地突破前人、书本和教师，通过开设创新类课程、举办主题知识技能竞赛，让学生感受并理解创新的产生和发展过程，培养学生的创新思维和科学精神。

（3）宣扬创业文化

校园文化是学生成才的外部环境，对学生具有陶冶、激励和导向功能。高校应将创业精神有机地融入学科活动和科技活动中，培养学生的创业精神。可通过邀请成功的企业家或校友来学校作报告，增强大学生创业的信心，利用企业家或校友的创业激情和成功的经历来感染学生，鼓励学生创业。

（4）强化创业实践

鼓励学生在课余时间参加创业模拟和社会实践活动，增强学生对企业的了解以及对社会的适应能力，如在校园内外开展创业竞赛活动，与外部企业联合开展学生的实习、见习等，让学生在实践中磨炼自己，形成正确的创业认知，培养创业精神，增强解决问题的能力。

6. 创业精神对个人生涯发展的影响

创业精神并不是与生俱来的，而是通过后天的学习、思考和实践形成的。创业精神一旦形成，就会对人的一生产生重要的影响。这种影响不仅体现在创业者创业准备和创业活动中，还体现在日常的工作、学习和生活中。从某种意义上说，创业精神不但决定个人生涯发展的态度，而且决定个人生涯发展的高度和速度。

（1）创业精神决定个人生涯发展的态度

作为一个社会人，其生涯发展必然要受到各种社会因素的影响，不同的人由于其生涯发展的态度不同，在面临各种各样的发展机遇时，其选择也不相同。创业精神作为一种思想观念、个性心理特征和行为模式的综合体，对个人生涯发展的态度具有重要影响。例如，创业精神中思想观念的开放性、开创性，容易让人接受新思想、新事物，形成开放的态度，敢为天下先，从而想他人未曾想，做他人不敢做，成为事业上的领跑者。再如，创业精神中的创新精神、拼搏精神、进取精神、合作精神等，能使人树立积极的生活态度，在顺境中居安思危、不懈奋进，在逆境中排除万难、励精图治，重新找到生涯发展的方向。

在相同的个人天赋和社会环境下，有创业精神的人有着比其他人更加积极的人生态度，因此更有可能发现和把握机会。

（2）创业精神决定个人生涯发展的高度

创业精神是一个人核心素质的集中体现，它不仅决定了一个人在机遇面前的选择，而且决定了一个人的生涯目标和事业追求。具有创业精神的人，无论是创办自己的企业，还是在企业就业，都会志存高远、目光远大、心胸宽广，不但可以在事业上取得成绩，也可以在个人品德和修为上达到更高的境界。

随着国家经济、政治、文化、社会、生态"五位一体"的深入改革，社会结构将发生重大调整，各行各业将在变革中重新达到利益均衡，这既为个人的发展提供了更多的机会，也给其带来了更大的挑战。在这种背景下，大学生应该有意识地培养自己的创业精神，让个人理想与社会发展的趋势和节奏相吻合，发展自己的事业。大学生在个人生涯发展上如果不去主动规划自己的生涯发展，一切等着家长、学校和政府安排，一心想找个安稳的、轻闲的"铁饭碗"，就很有可能一辈子也找不到理想的工作，甚至毕业就"失业"。

（3）创业精神决定个人生涯发展的速度

创业精神是一种主动精神和创造精神，这种精神能让人积极主动地、高效地做好自己承担的每一份工作，在平凡的岗位上做出不平凡的奉献。实践证明，具有创业精神的人，不管在什么岗位，从事什么职业，其强烈的成就动机、追求增长和效率的欲望，都将转化为内心强劲的追求事业成功的动力。在这种动力驱使下，人们会将眼前的工作作为未来事业发展的起点，把握生命中的每一个机会，做好从事的每一项工作。

创业精神也是一种求真务实的精神，其精神的本质是实事求是，讲求实效，实干苦干，反对浮夸和空谈。在人类社会的发展史上，许多企业家正是凭借这种精神，创造了从白手起家到富可敌国的财富神话；许多科学家、思想家、政治家、教育家和劳动模范，也正是凭借这种精神，从一个普通学子成长为举世瞩目的业界精英。

我国正处于改革开放的攻坚时期，改革是一条从未有人涉足过的路，所以既不能在书本中找到答案，也无法从前人的经验中寻找固定的模式，更不能靠空想和辩论来解决出路问题。在这种背景下，富于创业精神的人，敢于靠自己的实践探索，会接受更多的挑战，完成更多的任务，因而会取得更大的业绩和更快的发展。

1.5 当今创业的时代背景

在多元集化、改革创业的时代，国家越富裕发达，创业的限制一般就越少。现今世界各国政府及各个机构组织提供的便利条件、优惠政策，都是向学生、创业团队敞开大门的。改革是我们成长过程的主要基调。传统的社会关系、思想观念、道德伦理、价值体系开始瓦解，而取代传统的是一个多元化的世界。

1.5.1 互联网与创业

1. 世界经济步入大数据时代

2012年开始，大数据及大数据时代等概念进入人们的生活，成为备受关注的话题。随着互联网的发展和云计算的产生，数据渗透到每一个行业和业务领域，成为重要的生产要素。美国哈佛大学教授加里·金曾经说过，庞大的数据资源使不同的领域开始了量化进程，无论是学术界、商界还是政府机关，几乎所有领域都开始了这一进程。人们对海量数据的挖掘和应用，预示着新一波生产率增长和消费者盈余浪潮的到来。大数据时代带给创业的影响如下。

1）数据挖掘和应用是创业的重要领域，如阿里巴巴集团在经营淘宝、天猫等网络交易平台，支持众多中小企业完成网上交易的过程中，积累了大量消费者信息数据，数据挖掘成为重要的新型商业领域，为此，阿里巴巴集团于2012年7月宣布设立首席数据官，专职负责推进数据平台战略。

2）重视商业数据的积累成为创业企业获得核心竞争优势的重要内容。由于数据成为重要的生产要素，现代经济的很多规律均体现在庞大的商业数据之中，不掌握这些数据将难以获得核心技术知识，进而失去核心竞争力。如汽车行业，关于汽车设计的相关数据等集聚在数字化平台上，如果一个汽车企业只进行汽车生产制造，而不做产品研发设计，就不可能聚集数字化平台数据，其发展只能局限在制造领域。因而，未来国际创业环境中具有决定性作用的不是生产的产品和提供的服务，而是有关生产与服务的数据，如飞机、汽车等装备制造领域的开发试验工具系统，制药领域的化合物筛选装备及模型，网络交易系统等数据集聚载体，将成为当代创业国际环境中重要的创业平台。

2. 互联网成为创业国际环境中最重要的物理支撑

近年来，网络对人类社会的生产及生活方式产生了重大影响。随着移动互联网的快速发展，网络化以飞快的速度向更多经济领域拓展，成为影响创业的重要因素。

1）网络在实体经济领域的拓展性应用成为创业的重要领域。除了我们已经熟知的网络销售、网络书店等业务外，一些传统服务领域辅之以网络也实现了升级和发展，如上海某公司借助互联网平台，从一个平台制造企业成功转型为一个云计算服务型企业。

2）网络技术的不断发展和升级开辟了新的创业空间，如基于移动互联网的飞信，基于网络的小米宝盒等。

互联网，特别是移动互联网将成为当代创业国际环境中重要的物理支撑，孕育更多的企业。

1.5.2 知识经济与创业

世界经济一体化条件下的经济以知识决策为导向，促使人们重新审视与认识身边事物。知识经济是科学技术与经济运行日益密切结合的必然结果，是经济形态的人性化表现。

1. 知识经济的概念

知识经济以知识运营为经济增长方式，以知识产业为龙头产业，是新的经济形态下的人类社会经济增长方式与经济发展模式。

知识经济，也称智能经济，指的是建立在知识和信息的生产、分配和使用基础上的经济。它是和农业经济、工业经济相对应的概念。

传统的农业经济和工业经济虽然用到知识，但其经济增长主要取决于能源、原材料和劳动力，是以物质为基础的经济。

知识经济是人类知识，特别是科学技术知识累积到一定程度，以及知识在经济发展中发挥的作用增加到一定比重的历史产物，也是信息革命导致知识共享、高效地产生新知识的时代产物。

2. 知识经济的特点

美国加州大学的教授保罗·罗默于1983年提出了"新经济增长理论"，他认为知识是一个重要的生产要素，可以提高投资的收益。该理论的提出标志着知识经济形成了初步的理论基础。知识经济作为一种新的经济形态，是对经历了200余年发展的工业经济的超越与创新，具有一些新的特点。

(1) 知识经济是以新科技革命为依托的信息化经济

工业经济的发展和繁荣取决于资本，资源，硬件技术的数量、规模和增量，片面追求产品技术的提高或单一商品生产规模的最大化。知识经济依赖于知识或有效信息的积累和利用，将知识作为追求发展的内在驱动力，强调产品的数字化、网络化和智能化。

(2) 知识经济是以高科技人才为核心的人才经济

现代国际竞争是综合国力的竞争，其关键是科学技术，特别是高科技领域的竞争，而其中起决定作用的因素是人才的竞争。近年来，国内外一些高科技企业能够异军突起，高科技优秀人才起了至关重要的作用。

(3) 知识经济是一种创新经济

这种创新绝非传统工业技术的简单创新，而是建立在科技成果基础上的、在一系列新兴领域的开拓与创造，这些领域包括信息科学技术、新材料科学技术、空间科学技术、海洋科学技术、有益于环境的高新技术和管理科学等。

(4) 知识经济是真正意义上的全球一体化经济

全球信息网络的开通及进一步发展，使全球信息资源共享成为可能，随着信息技术的发展，必将为整个人类社会充分利用和共享信息资源提供更为快捷的手段和更为广阔的空间。

3. 知识经济时代创业的功能

知识经济时代的创业具有增加就业、促进创新、发展经济、推动社会进步等功能，是解决社会问题的有效途径。

(1) 创业是社会就业的扩容器

知识经济时代的创业能够在一定程度上改变就业的方向和结构，解决就业问题。新创企业通过提供岗位、服务社会来带动就业。创业型中小企业创造了大部分就业机会，在大企业裁员时，能在稳定就业方面起到越来越重要的作用。

(2) 创业是科技创新的加速器

知识经济时代的创业能够实现先进技术的转化，推动新产品或新服务的不断出现，创造出新的市场需求，进一步推动和深化科技创新，从而提高国家或企业的创新能力，推动经济的增长。创业是新理论、新技术、新知识、新制度形成现实生产力的转化器，新建立的企业要想在激烈的市场竞争中站住脚，就要采用先进的生产技术和科学的技术手段，因此创业可以加速科技的创新。

(3) 创业是经济发展的原动力

在知识经济时代，不论是在发达国家，还是在发展中国家，创业都是一个国家经济发展中最具活力的部分，是国家经济发展的原动力。我国改革开放以后实行市场经济，支持个人投资兴办企业，新创办的中小企业成为新的经济增长点，对促进经济持续增长、城市化进程和现代化建设都起到了重要的作用。

（4）创业是社会进步的推动器

创业活动能够促进社会经济体制的改革和深化，繁荣市场，丰富人们的生活，提高生活质量，促进社会稳定和谐，是实现共同富裕的有效途径。创业还可以激发整个社会的创新意识和创新精神，有利于社会文化和观念的转变，使无数人进入社会和经济的主流，对社会形成创新、宽容、民主、公正、诚信等观念和文化具有积极的推动作用。

4. 知识经济时代创业的关键要素

在知识经济时代，知识取代传统的有形资产成为支撑竞争优势最为关键的资源，科技创新成为创业活动的大趋势。在复杂的竞争环境中，知识比其他资产具有更快的更新和淘汰速度，因此优秀的创业者需要及时而有效地将创新成果转化为商业价值，保持优势。

知识经济时代创业有如下关键要素：

（1）持续创新，拥有自主技术

在全球化环境下，信息、技术、知识和人才成为新创企业的关键因素，也是企业间竞争的焦点，特别是通过对技术和知识产权的占有，使其在市场上获得竞争地位。发达国家凭借着科技优势，以及建立在科技优势基础上的国际规则，与其跨国公司在世界上形成高度垄断，从而获得大量的超额利润。

（2）技术引领市场，挖掘潜在需求

在知识经济条件下，创业者需要学会利用独创的知识来开发新产品，挖掘潜在需求。潜在需求是企业通过技术引领所创造的。例如，在 iPad 推出之前，大多数人不知道触屏电脑为何物，苹果公司依靠其先进的技术和一流的设计，跟踪用户需求，推出了便于携带的、适用的全触屏电脑 iPad，迅速引发需求狂潮。

挖掘潜在需求要求创业者具有敏锐的洞察能力和强大的创新能力。从个体角度看，挖掘潜在需求的创业者可以在新领域成为引领者并获得创业成功；从整体角度看，挖掘潜在需求能够开发更大的市场，创造更多的就业机会，更好地推动社会经济的发展。

（3）兼容并蓄，快速改革

知识经济时代的知识存在着信息量大和淘汰速度快的特点，单个创业者很难拥有所需的全部知识。面对全球化进程下越来越激烈的竞争环境，唯有兼容并蓄，以开放的心态进行广泛的合作，才能获得创业所需要的知识。创业者还需要拥有乐观积极的态度，视变化为机遇，把握市场方向和需求，抓住变革的方向和节奏并予以快速响应，才能在不断变化的环境中取得成功。

（4）全球化的胸襟与眼光

在全球化的时代，创业者不可避免地要参与全球化的竞争，拥有全球化的胸襟与眼光显得尤为重要，具体表现在两个方面：一是要有融入全球化的勇气，即使处在创业初期，这份勇气也尤为重要，因为机会面前人人平等，只有拥有全球化的勇气才能抓住全球化的机会；二是要有全球布局的思维，通过网络手段，来自全球的潜在顾客都有可能成为目标客户，而世界各地的货源也有可能成为创业资源，创业者需要运用全球化的思维对不同市场采取不同战略以整合全球资源。

本章要点回顾

创业是创造新事物、实现价值增值的过程，需要付出极大的努力，也必须承担一定的风险。不同的创业类型有着不同的活动特点，机会、团队、资源是创业活动不可或缺的。创业过程按照时间顺序，可划分为分析市场机会、选择目标市场、设计市场营销组合、管理创业活动四个阶段。创业精神是创业者在创业过程中的重要行为特征的高度总结，是创业者各种素质的综合体现，一经形成就会对人一生的发展产生重要影响。创业是社会就业的扩容器、科技创新的加速器、经济发展的原动力和社会进步的推动器。在互联网与知识经济时代，创业活动呈现出新的变化，高科技公司的比例大幅度提高，小企业的数量明显增多，企业内创业增多，母体脱离型企业壮大。

习题

1. 名词解释

（1）创新；（2）机会型创业；（3）创业精神；（4）知识经济。

2. 简答题

（1）简述创业所需经历的四个阶段。

（2）简述个体创业与公司创业的主要差异。

（3）简述创业的要素及各要素之间的关系。

（4）简述知识经济时代创业的功能。

3. 思考题

通过本章的学习，分析本章案例中两个创业者获得成功的原因。

课后拓展

不同的人在不同的环境下，对于创业精神对人生发展的影响的理解是不一样的，你是如何看待创业精神对于人生发展的影响的？列举一下你的观点。

第2章

创新思维与创业调研方案设计

内容提要

人是创新活动的主体,在创新实践的过程中,不断和外界进行能量和物质的交换,创新思维在这个过程中起着不可替代的作用。

创业调研方案设计是创业的基础性工作。调研方案是指导整个调研工作的方案的蓝图,调研方案设计的完备程度可以保证调查结果的质量和时间进度。

本章通过学习创新思维,为创业学习和实践奠定知识基础。

学习目标

①掌握创新思维方法和创新思维的含义;
②了解创新的基本类型和特征;
③了解创新思维的作用;
④掌握设计创业调研方案的方法。

2.1 创新思维

2.1.1 创新思维的定义

思维可以分为传统思维和创新思维两类。传统思维是人类经常性的、以经验为主的程序化的思考,而创新思维是相对于传统思维的一种思维方式,是思维的一种智力品质。

创新思维是指在传统思维的基础之上,通过发挥大脑的能动作用,以具有超前性和预测能力的新的认知模式来把握事物发展的本质及内在规律,对事物间的联系进行思考,探索,观察,分析和解决问题的新方法、新途径的思维过程。

从狭义的理解来讲，创新思维是一种开拓人类认识新领域，开创人类认识新成果的、具有较大社会意义的高级思维活动，它往往表现为发明新技术、形成新观念、提出新方案和决策、创建新理论。当然，只有少数人才有狭义理解上的创新思维。

从广义上讲，创新思维可以表现为作出了完整的新发现和新发明的思维过程，也可以表现为在思考的方法和技巧上，在某些结论和见解上具有新奇独到之处。它广泛存在于科学史上的重大发明之中，存在于政治、军事、生产、教育、艺术及科学研究活动之中，因此每一个人都具有广义上的创新思维能力。如在领导工作实践中，具有创新思维的职业经理敢于突破原有的框架，从原有规范的交叉处着手或反向思考问题，从而取得具有创造性、突破性的成就。

创新思维是人类从事创造性活动的基础，是一切创造原理和创造技法的源泉，它通过对已有知识进行新的分解与组合，发掘知识的新功能，进行知识积累或方法突破。从信息活动和知识增值的角度来看，创新思维是一种实现知识增值或信息增值的思维活动。

创新思维结果的实现需要人们付出艰苦的脑力劳动，一项创新思维结果的取得，往往需要经过长期的探索、刻苦的钻研，甚至多次的挫折之后才能取得。创新思维的培养要经过长期的知识积累、智能训练和素质磨砺，离不开推理、想象、联想、直觉等思维活动，所以，从主体活动的角度来看，创新思维是一种需要人们，包括组织者、参与者付出较大代价，运用高超能力的一种思维活动。

2.1.2 创新思维的特征

创新思维区别于传统思维，它通过发挥人脑的能动作用，以崭新的思考方式对外部客观世界的信息进行有意识或无意识、直接或间接的再加工处理，具有以下几个特征：

1. 开拓性及独特性

创新思维具有明显的开拓性。传统思维遵循现存思路和方法进行思考，重复过去已经进行的思维过程，要解决的是实践中重复出现的情况和问题，思维的结论属于现成的知识范围。创新思维在思路的探索上、思维的方法和结论上不满足于人类已有的知识和经验，而是对现有物质形态的一种否定，程度不同地表现出与旧事物存在的某些差异，努力通过新的思维方式探索客观世界中未被认识事物的规律，要解决的是实践中不断出现的新情况和新问题，为人们的实践活动开辟新领域和新天地。

要有创新性，就要有独特性。创新思维的独特性在于思路的选择、思考的技巧和思维的结论等方面，能提出新的观点，探寻新的发现，更新知识和理论，对改变人类的生活方式和促进社会的进步起到深刻的作用。

2. 灵活性

创新思维能够从实际情况出发，迅速地调动思维，具备积极思考、周密考虑、准确判断的能力，能当机立断、迅速正确地解决新问题。

创新思维并无现成的思维方法和程序可循，它的方式、方法、程序、途径等都没有固定的框架,且是多方向发散和立体的,在思维活动中,表现为可以灵活地从一个思路转向另一个思路,从一种意境进入另一种意境,多方位地试探解决问题的办法。传统思维通常是调动已有的经验,索引既定的方案、现成的做法、惯用的例证,习惯于按照固有的思路和方法进行思维活动,再现多于创造,仿效多于结合,其思维缺乏灵活性。

创新思维的灵活性主要表现在三方面:一是变通力,能适应变化的情况;二是摆脱惯性,不以僵化的方式看问题,突破各种成见、偏见和思维定式;三是依赖高度发展的观察力和良好的注意力。

3. 风险性

创新思维在发展上求创新,而不是旧事物的再现和重复,它是在探索中发现和解决问题的,受着多种因素的限制和影响,如事物发展的程度及本质暴露的程度、实践的条件与水平、认识的水平与能力等,因此并不会每次都取得成功,甚至有可能毫无成效或者作出错误的结论。

创新思维的风险性会对传统势力产生冲击,而传统势力会竭力维护自己的权威,对创新思维活动的成果抱有抵触心理。

4. 突变性

创新思维的机理是突变论,它表现出一种非逻辑的特征,是对原有极限的突破,促使新生事物的产生。突变性是创新者长期观察、研究、思考的结果,是创新思维活动过程的产物。这种思想火花的爆发没有固定的时间,带有极大的随机性。

5. 客观性

创新思维以客观存在为主体,强调一切从实际情况出发,从解决现实矛盾和问题入手,尊重客观事实,在实践中不断认识真理。从本质意义上讲,创新思维始于客观存在的需要,创新方法源于现实问题的解决,离开现实谈创新没有任何意义。

6. 科学性和有益性

创新不是凭个人的主观意志获得成功的,它必须建立在科学的认识观,即在辩证唯物主义和历史唯物主义的科学理论指导下,对客观事物的细致观察和认真剖析。因此,任何创新活动必须遵循事物的发展规律,具有科学性,这是区别真创新和假创新的重要标准。

创新的目的在于造福人类,创新的成果有益于人类,才能被人们承认和接受。

7. 综合性

人的思维模式结构可以分为思维形式、思维内容和思维过程三个部分。如图2-1所示,X轴代表思维形式,分为求同与求异、收敛与发散、习惯与变异、循序与跳跃、试悟与顿悟五对思维组成,在每对思维中,前者为正向思维,而后者为反向思维;Y轴代表思维方法,由辩证、逻辑、形象、动作等四个部分组成;Z轴代表思维过程,由分析、综合、比较、概括、推理、抽象、类比、概念、判断、想象十个过程组成。

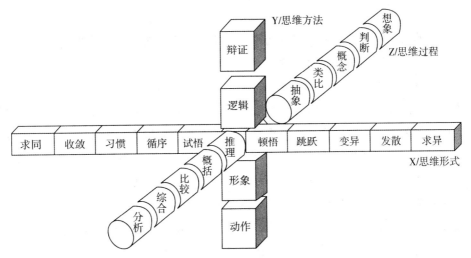

图 2-1 人的思维模式结构

创新思维是多种思维形式、思维方法和思维过程有机结合的产物。在思维形式上，既要有发散思维，也要有收敛思维，既要有求异思维，也要有求同思维；在创新思维方法上，既要有逻辑思维，也要有形象思维；在思维的过程中需要不断地综合、分析、比较、概括和推理。只有这样，才能正确地认识事物的关系，认识事物的本质和规律，产生创造性的成果。

2.1.3 创新思维的作用

1. 创新思维可以不断增加人类知识的总量，推进人类认识世界的水平

创新思维向着未知或不完全知的领域进军，不断扩大人们的认识范围，把未被认识的事物变为已经认识和可以认识的事物。科学上每一次的发现和创造，都增加了人类的知识总量。

2. 创新思维可以不断提高人类的认识能力

创新思维能力的培养依赖于人们对历史和现状的深刻了解、敏锐的观察能力和分析问题能力，以及平时知识的积累和知识面的拓展，每一次创新思维过程就是一次锻炼思维能力的过程。要想获得对未知世界的认识，人们就要不断地探索前人没有采用过的思维方法和角度进行思考，寻求新的办法和途径地观察、分析并解决问题，从而极大地提高人类认识未知事物的能力，因此认识能力的提高离不开创新思维。

3. 创新思维可以为实践开辟新的局面

创新思维的独创性与风险性特征赋予了它敢于探索和创新的精神，在这种精神的支配下，人们不满于现状和已有的知识、经验，而力图探索客观世界中未被认识的本质和规律，并以此为指导，进行开拓性的实践，开辟人类实践活动的新领域。若没有创造性的思维，人类的实践活动只能停留在原有的水平上，实践活动的领域也非常狭小。

2.1.4 创新思维的分类

创新思维提倡自由联想，完全不受顺序、层次、方向等的影响，从多角度全方位地思考问题。

创新思维的基本类型有：发散思维与集中思维、正向思维与逆向思维、形象思维与抽象思维、直觉思维与灵感思维、综合思维。

1. 发散思维与集中思维

发散思维就是让人们把创新的思路扩散出去，多角度、多层次、多方位地寻找问题的答案，以达到解除束缚、拓展思路、扩大视野的目的。集中思维则是把按发散思维拓展出去的思路再收拢回来，集中到某些核心思考点上，以达到终极目标。发散与集中既对立又统一，包含了一个事物的两个方面，相互联系，在创新活动中相互依赖、相辅相成。在具体的创新活动中，发散思维与集中思维有以下三种思维模式：

1）破旧立新。原始创新是最彻底、最有效的创新方法，是对旧事物进行全盘否定，用新事物取而代之，取得面貌一新、不留痕迹的结果。

2）集旧成新。集旧成新的思维模式要求创新者具有一定的分析与综合、归纳与演绎等逻辑思维能力。面对已经存在的许多事物，包括理论、方案、技术和产品等，先运用发散思维把它们的共同点和不同点以及相互关联之处逐一地找出来，再运用集中思维从杂乱无章的现象中理出规律，最后把它们组合成一个协调一致的新整体。集旧成新的思维模式不仅适用于技术领域，也适用于其他创新领域。

3）推陈出新。万事万物都有一个不断发展变化的过程，新事物随着时光的流逝变为旧事物，而旧事物也可以发展变化成为新事物。有些旧事物因时代的变化失去了自身存在的价值而成为破旧立新的对象；有些旧事物虽然已经陈旧，但仍不失其存在价值，经过更新换代成为新事物，这便是推陈出新的创新思维模式。

推陈出新与破旧立新最根本的区别在于消除旧事物的程度不同。推陈出新是对旧事物进行改革或改进，所创的"新"保留了旧事物的痕迹，创新的价值较小，如技术革新、产品改进等；而破旧立新则是对旧事物的全盘否定，其创新成果中旧事物的痕迹已不复存在，创新价值较大。

2. 正向思维与逆向思维

人的思维活动存在正向和逆向两种方式。在通常情况下，正向思维方法能有效地、经济地解决大部分常规问题，但在创新中会束缚人们的思路。逆向思维则调整思维方式，打破常规，换一个角度思考问题，可能逆其道而行之，也可能把所研究、思考的问题拉回原点，推倒重来。

3. 形象思维与抽象思维

形象思维是以被研究的客观事物的形象特征为主要思考对象的一种思维方式，属于创新思维，包括想象、联想、模拟和幻想等思维模式。抽象思维即逻辑思维，它是把被研究的客观事物的形象特征去掉，而把属于形象特征以外的其他特征抽取出来，形成某种概念，然后对这些概念按照逻辑思维所规定的规则、定律、公式、定理等进行分析，比较，推理，归纳，演绎，判断等。形象思维重视客观事物的表象，充分发挥个人的想象、联想、类比、模仿等能力，允许虚构和幻想，可以构造出栩栩如生的形象、绚丽多彩的图画或者优美动听的乐曲等，具有文学价值，在创新思维中具有重要地位。

4. 直觉思维与灵感思维

直觉思维与灵感思维是两种更趋成熟和更加高级的创新思维，在创新活动中具有不可替代的地位。直觉思维是指对一个问题未经逐步分析，仅依据内因的感知迅速地对问题答案作出判断和设想，或者在对疑难问题百思不得其解时，突然对问题有灵感和顿悟，甚至对未来失误的结果有预感等。直觉思维是一种心理现象，在创新思维活动的关键阶段起着极其重要的作用，是可以有意识地训练和培养的。

灵感思维是指人们在久思某一问题不得其解时，思绪由于受到某种外来信息的刺激或诱导，忽然灵机一动想出办法，对问题的解决产生重大影响的思维过程，它往往不受思考者的控制而突然发生。

5. 综合思维

人脑的思维活动非常复杂，各种创新思维之间具有密不可分的内在联系，创新思维与各种逻辑思维之间也没有明显的界限。任何被研究事物的最终解决方案不会一蹴而就，而要经过许多艰难曲折和反复思考，因此一项创新活动的完成往往会伴随着各种创新思维和逻辑思维的相互结合及交替运用。由于创新思维与逻辑思维具有不同的特点，二者是相互独立的，在创新活动的不同阶段各有偏重，分别扮演着主导和辅助的作用。综合思维是创新思维与逻辑思维的辩证统一，也是创新思维的基本类型。

综合思维有两种思维模式，分别被称为综合思维模式其一和综合思维模式其二。综合思维模式其一利用创新思维提出或发现问题，再运用逻辑思维对提出或发现的问题进行分析、综合、归纳、判断和实验验证等。综合思维模式其二则利用逻辑思维提出或发现问题，再用创新思维寻找理论证明方法或实验验证方法。

2.1.5 创新思维与实践

创新思维的运作必须以社会实践活动为基础，其来源、目标、动力、检验标准不能脱离实践。坚持实践是创新思维运作必须遵循的基本原则。

1）实践为创新思维确立目标。人们改造客观世界的实践产生了认识世界的需要，而在无限发展的世界中有哪些东西首先成为思维认识目标，也是由实践的需要决定的，如农业的灌溉、城市建筑、手工业、航海业的需要产生了古代力学，测量土地面积的需要产生了古代数学。

实践不断地给人们提出新的思维课题，并提供解决课题的新方法。20 世纪以来，航空技术推动了空气动力学的迅速发展，原子能促进了核物理学、粒子物理学的发展，这些新学科都是由实践的需要推动的。

2）实践为创新思维揭示问题。创新思维始于问题，而问题的发现来自实践生活和对客观事物的细致观察。坦桑尼亚中学生姆佩姆巴，一次与同学们用冰箱制作冰激凌，他发现，热牛奶比冷牛奶更快地结冰。他的发现受到了老师和同学的嘲笑，但他毫不泄气，坚持"打破砂锅问到底"。后来，他去请教了物理学博士，博士通过实验，证实了这种自然现象，人们便把这一现象命名为姆潘巴效应，并开始了广泛的研究。

3）实践为创新思维的深化提供动力。电镀技术的发明创新思维的一项重大成果，但它也带来两大新问题：一是耗水量大，二是严重污染环境。我国海军某部工程师胡继忠经过千万次计算后发现，美国的B·库希勒、日本的山崎龙一等电镀权威的平衡理论是错误的，他经过极其艰苦的工作，变换了上百次探索方案，终于建立起自己的叠加原理，并按这套叠加原理发明了电脑控制间歇逆流漂洗自动生产线，实现了电镀物料的循环利用，解决了电镀技术存在的问题。

4）实践是检验创新思维成果真理性的唯一标准。创新思维成果，特别是由灵感、直觉、想象带来的超常思维设想，既具有创造性，又存在的猜测性和偶然性，除了进行必要的逻辑论证外，还必须经受实践的检验。

创新需要人们的创新意识和创新能力，不断发展变化的实践是创新的基础。现实世界体现为主观世界和客观世界，人们的一切活动，包括创造性活动都要在现实世界里进行。人们一方面通过实践活动和认识活动把客观世界转换为主观世界，另一方面把主观世界，尤其是大脑中的想法、理想通过实践转换为现实的事物，成为客观世界的一部分。以客观世界为原型，又在实践的基础上不断地更新主观世界和客观世界，就是我们所说的创新。

综上所述，实践是创新的源泉和动力，人们通过创新实践活动修正、更新、改良创新成果，在不断实践和探索的过程中丰富创新思维，积累创新成果。

案例2.1

湖南某高校电算会计专业学生黄某毕业后进入富士康集团工作，任职普通车间员工，薪水每月330元；4个月后到深圳某（民办学校）任教，教小学六年级数学兼班主任；2002年8月入职香港电信盈科集团有限公司工作，负责中国区外资企业国际专线业务，于2004年升任中国区销售总监；2007年12月创业成立科技公司，主要提供信息化服务。截止到2016年，其公司员工人数达到130多人，营业额达到1.6亿。黄某于2014年5月和张家界慈利县人民政府合资成立了公司，并出任董事长，总投资3千万元，主要业务为互联网生态农业，公司农产品品牌"一界农户"已被市政府指定为官方唯一认可品牌。目前公司团队50多人，2016年销售额突破1 800万元。2016年3月黄某与张家界市人民政府合资成立公司，并出任董事长，总投资一个亿，主要经营业务为互联网+旅游+特色农产品+精准扶贫，目前公司团队70多人，各项业务发展平稳顺利。

黄某的成功得益于自己敢闯敢做的勇气和独到的发现市场的眼光。创业在本质上是人的一种创新型实践活动。从上面的创业故事中不难看出，黄某的每一次成功创业都是他自己的一种主动的、开创性的实践活动。

2.2 创业调研方案设计

2.2.1 创业调研方案设计的概念

创业调研方案的设计，就是根据创业调查的目的和调查对象的性质，在进行实际调研之前，对调研工作总任务的各个方面和各个阶段进行通盘考虑和安排，以提出相应的调研实施方案，制订合理的工作程序。

调研工作需要经历很多个阶段和环节，即调查资料的收集、整理和分析等。只有在调研工作开始前进行统一的安排和考虑，才能避免调研内容出现重复和遗漏，保证调研工作顺利地进行，减少调研误差，提高调研质量。创业调研是营销调研的一部分，它将营销调研的理论运用到创业，为创业者提供市场信息，方便创业者了解市场状况，认识市场现状。

2.2.2 创业调研方案设计的重要性

在创业前进行市场调研是非常有必要的，这个调研是一项复杂的、严肃的、技术性强的工作。在进行创业调研时，参与者很多，为了在调研过程中统一认识、内容、方法和步调，圆满地完成创业调研任务，必须制订科学、严密、可行的工作计划和组织措施，以使所有参与调研工作的人员都依此执行。具体来讲，调研方案设计的重要性有以下三点：

1) 从认识上讲，调研方案设计是从定性认识到定量认识的。市场调研所收集的许多资料是定量资料，而调查工作从对调研对象的定性认识开始，才能了解调研的内容和方法、创业中可能遇到的问题和解决方法。

2) 从工作上讲，调研方案设计具有统筹兼顾、统一协调的作用。在创业调研过程中会遇到很多复杂的矛盾和问题，其中有的问题是属于调查本身的问题，也有很多是与调查相关的问题，必须通过调研设计设置调研流程，分清主次，根据需要和可能采用相关的调研方法，使调研工作有序地进行。

3) 从实践上来讲，调研方案设计能够适应现代市场调研发展的需要。市场调研过程也被视为调研设计，资料收集、整理和分析的完整工作过程，调研设计是全过程的第一步。

案例 2.2

湖南某高校市场营销专业毕业生郭某，在长期的市场调查中发现一种叫作锌钢的新型材料不仅节能降耗、防腐性能强，价格还比铁艺材料便宜。2012 年，经过周密的准备，他联系了一家锌钢生产厂家，开始做锌钢的销售。在推广过程中他慢慢地发现要保证产品的质量只能自己建造生产基地，从源头抓原材料的品质。同时严把施工关，加强对工人的管理与培养。2014 年 5 月，郭某多方筹资，成立了一家集研发、生产、制作、安装、售后为一体的全生产链公司。为了使公司的质量管理更加规范化，从 2016 年开始，郭某每年都会聘请专业的质量认证有限公司审核专家组对其 ISO 9001 质量管理体系进行认证审核。

近年来，公司借力城市建设的东风，使旗下生产的锌钢在销售市场赢得了很好的口碑。在常德市大举进行"三改四化"城建工程中一举拿下众多项目，为美丽常德建设添砖加瓦。经过自己的不懈努力，公司在本地市场的占有率已经达到 70%，并与万达、恒大、碧桂园、绿地等大型房产公司签订了长期战略合作协议。

在扩大经营市场的同时，公司潜心致力于科技研发，目前，已有专利 19 项，其中发明专利 3 项，与其他行业公司合作的锌钢工艺件远销海外。

创业并不是一件只有在所有条件都成熟之后才能做的事情，创新创业本身就是从无到有的过程。认真调查市场需求是获得商机的重要因素，只有你提供的产品或服务满足了市场的需求，创业才会走向成功。

2.2.3 创业调研方案设计的主要内容

创业调研方案的设计是对调研工作的各个方面和全部过程的通盘考虑，包括调研工作的全部内容。调研总体方案是否科学、可行，是整个调研工作成败的关键。

1. 确定调研项目

明确了调研目标之后，需要调研哪些方面的内容才能达到调研目标，即确定调研项目。调研项目是调研目标的具体化，应该围绕调研目标来设置。

确定调研项目对于调研方案的设计者来说是相当重要的一个环节。首先，调研项目的确定规定了问卷设计或访问提纲的范围；其次，调研项目的确定决定了调研对象和调研方法；再次，调研目标是否能达到，在策划阶段只有通过调研人员所规定的调研项目来判断。调研项目是否全面、适当，在很大程度上影响调研方案能否被企业所接受和认可。

2. 选择调研的类型

营销调研根据营销问题的实质可以分为探索性调研、描述性调研和因果性调研。探索性调研是为了获取有关调研问题的一般性背景资料而进行的一种非结构化和非正式的调研；描述性调研是对有关谁、什么、哪里、何时和怎么样等问题答案的描述；因果性调研可以被认为是按照"如果 X……那么 Y"的条件语句来理解的一种现象。

3. 选择基础的调研方法

根据调研的目标、数据的现有来源和获取数据的成本等问题，调研人员需要确定基础的调研方法。基础的调研方法包括调查、案例研究、实验、二手数据和观察。

（1）调查

调查主要通过问卷的形式在抽样人群中收集信息，是获取原始数据最常用的方法。调研人员需要根据调研目标精心准备调查问卷的格式和问题，根据不同的调查问题和调查内容确定与被调查者的交流方式。可以选择电话、邮件、面对面、因特网或其他媒介进行交流。

可以根据不同的调研目标选择被调查者。被调查者可以是一般的消费者、批发商、零售商,也可以是在产品相关领域具有丰富经验的专家。不同的调研类型可能会影响到被调查者的选择。探索性调研通常通过询问个别知识丰富的被调查者或小型群体来进行,描述性调研则通过短时间内(10~20 min)向大量的被调查者询问简单的问题来进行。不同的调研类型也可以选择不同的访问方法,如探索性调研可以选择焦点群体的采访、深入采访等方法。

为了与被调查者进行有效的交流,所有的直接调查人员需要经过培训,了解提问的技巧,能够简单地辨别被调查者的态度,如果被调查者的态度不配合则可能导致调研数据出现偏差。有关各种不同的调查方法会在后面的章节详细介绍。

(2) 案例研究

调研人员可以通过对类似的案例进行调研来解决调研问题,包括调研历史案例和模拟案例。

1) 历史案例。调研历史案例的方法可以通过密集分析几个目标案例,得到有助于解决调研问题的相关资料,例如,了解市场中可能影响新产品销量的各种因素、各因素之间是否存在某些联系,以及各因素对销量可能产生的影响的程度等。历史案例方法通过分析选择的目标案例,可以对比的业绩水平(如良好的市场和糟糕的市场),反映业绩的快速变化和事件发生的顺序。

2) 模拟案例。调研模拟案例通过对产品在市场环境中发生的各种可能情况,有针对性地进行模拟,以此来获得相关数据或解决问题的方法。这些数据大部分以计算机为基础,通过计算机模拟控制可以被控制的因素并观察它们对于销量或满意度等方面的影响。模拟案例可以用来获得市场体系变化的动态过程。市场调研模拟案例需要输入数据,这些数据输入与想要模拟的环境及各环境变量之间的关系有关。

模拟案例的方法数据收集所需的时间较少,要分析的数据可能较少,可以在组织内完全秘密地进行,而其他数据来源并不能保证这种程度的安全性。模拟案例可以评估不同的市场调研战略并提供对不同战略的评价,可以被用作组织成员的培训工具,使与市场活动没有直接关系的个人领会市场体系如何运作,以及如何影响其领域的决策。

模拟案例的局限性在于发展有效的模拟案例模型比较困难,而且随条件变化更新模型需要一定的时间和成本。当调研组织对于要调研的市场现象或市场背景知识了解比较少时,如新市场,模拟案例的方法就不太可行了。

3) 实验法。实验法是调研人员通过控制一个或多个实验变量(如产品特征、价格水平、广告水平或广告吸引力等)得到实验数据,然后通过衡量这些控制对一个或多个有关的因变量(如销售和产品偏好情况)产生的效果,得到相应的调研结果。

实验的目标是消除影响市场变量的不确定性因素,以研究一个变量变化时会引起的因变量变化效果。实验仅在其他变量被控制或被去除的情况下有用。在真正的市场中各种因素具有很大的不确定性,而且实际市场很难被控制,因此实验法得出的数据在现实市场中应用具有一定的局限性。

4) 二手数据。二手数据是在该调研项目之前,由其他人为了其他目的而收集并记录下来的有关数据。二手数据一般是已经整理好的历史性数据，不需要任何应答者或调研对象，因此比原始数据更容易获得，但数据比较过时，而且不是为了满足调研人员的需求而专门设计的，调研人员需要知道数据与特定项目的相关程度。为了评估二手数据，调研人员需要了解这些数据的主题、调研对象、调研时间等问题是否与目前的调研项目相符合。

二手数据按照来源的不同可以分为内部数据和外部数据：

①内部二手数据是来源于企业内部或由公司最先记录的数据。公司的会计系统一般可以提供很多的信息资料，最常见的就是销售与成本的记录，调研人员可以利用这些决策支持系统来执行更细节的分析。内部数据的其他来源还包括销售人员的电话报告、顾客意见、服务记录、保修单返回或其他记录等。调研人员可以根据不同的调研目标对这些信息进行整合。内部二手数据的最大优势就是获取成本低，并且可提供性很高。

②外部二手数据是由机构实体而不是调研人员所在企业创造或记录的数据，如政府、报纸和期刊、商业协会及其他组织都可以产生或提供这类信息。这些信息在以前一般是出版物的形式，可以在公共图书馆、商业协会或政府相关部门查阅。在当今时代，随着数字化数据存档技术迅速发展，获取外部数据变得容易。随着网络的飞速发展，互联网也逐渐成为获取数据的主要渠道。

5）观察。观察是指调研人员通过观察被调查者或竞争对手现在的行为或过去行为的结果，获得对企业作出决策有帮助的相关信息，它不依赖于访问者的报告，而直接记录有关行为，减少了由于行为者回忆而产生的误差。例如，某公司在电视机上安装测量仪器记录每个家庭成员收看的节目类型，避免观看娱乐频道节目的家庭回答在看《新闻联播》后的《焦点访谈》，影响调查结果。调研人员可以通过观察准确地记录人们的行为内容及过程，但是它不能用来确定行为所隐含的动机、态度和其他思想状况。

4. 确定调研对象和调研单位

调研对象是根据调研目的确定的调查研究总体或调研的范围；调研单位是构成调研对象的每一个单位，是调研项目和指标的承担者或载体。调研对象和调研单位的确定实际上就是调研人员确定需要向谁提出问题，从哪里获取数据的问题。如对某市烟民的消费情况进行调查，其对象就是该市所有吸烟的人。在确定调研对象时，应该注意以下几个问题：

1）明确界定调研对象。由于市场的多变，调研对象是比较复杂的，必须以科学的理论为指导，严格规定调研对象的内涵，并指出它与其他有关现象的界限，以免调研实施时由于对象的界限不明确而发生差错。

2）确定调研单位。调研单位的确定取决于调研目的和对象，如果调研目的和对象发生变化，调研单位也应该随之而变化。

3）调研方式和调研单位的关系。不同的调研方式会产生不同的调研单位。如果采取普查方式，调查总体内所包含的全部样本都是调研单位；如果采取重点调研方式，只有选定的少数重点样本是调研单位；如果采取抽样调研方式，则用各种抽样方法抽出的样本为调研单位。

5. 确定调研的时间规划

调研时间是指展开调研的具体时间和需要完成调研的时间。根据不同的调研课题和调研方法，有不同的最佳调研时间。例如，入户调查最好的调查时间是在晚上和周末，这时候家中有人的概率比较大，成功率较高；采用观察法掌握超市的人流情况时，由于一天当中不同的时间范围内，人群流量存在很大差异，在一周当中，工作日和休息日人群流量也有很大不同，为了使样本具有更好的代表性，应选择不同的时间段，对观察的时间段进行精心的选择和设计，才能有科学的、合理的推断结果。

另外，调研的方法和规模不同，调研工作的周期也不同。例如，邮寄调研的周期较长，而电话调研的周期较短，大规模的入户调查，其周期通常也比较长。

在进行调研方案的设计中，调研时间一般用调研进度表来表示。使用调研进度表可以指导和把握计划的完成进度，控制调研成本，达到用有限的经费获得最佳效果的目的。

6. 进行经费预算

营销调研的经费预算是调研设计中的重要内容。调研的费用通常与调研范围、调研规模和调研方法等相关。一项营销调研项目的预算包括以下内容：①调研方案设计费；②抽样设计费；③问卷设计费、印刷费；④调研实施费用，包括调研费、差旅费、邮寄费、调研人员劳务费、礼品费及其他相关费用；⑤数据录入费、审核费；⑥数据统计费；⑦报告撰写费；⑧办公用费，如会议费、专家咨询费等；⑨其他相关费用。

7. 制订调研的组织计划

在调研策划阶段需要对调研整体的组织方案进行计划，如进行各工作环节的人员配备和设定工作目标，对调研的质量进行控制和监督，对访问人员进行培训等。在进行调研组织计划过程中需要处理好以下工作：①在调研中负责不同任务的人员之间的配合，如方案设计者、访问人员、汇总和处理资料的人员及对资料进行分析统计的人员等；②调研中人、物、财各方面因素的相互配合；③调研过程中各个环节、部门之间的相互配合。注意到以上几点，会使整个的组织结构的各个部分更有效地发挥作用。

本章要点回顾

思维的方法多种多样，创新思维是在一般思维的基础上发展起来的，是思维活动中最有价值和最积极的形式。

创新思维是创新能力的核心和基础，是实现创新内在机制的深层动力。创新人才的发展，主要是创新思维的发展。要培养创新意识，重要的是培养创新思维方式。

本章介绍了创新思维的定义：相对于传统思维的、以新的认知模式来把握事物，进行前所未有的思考，探索、观察、分析和解决问题的新方法、新途径的思维过程。创新思维的特征有开拓性及独特性、灵活性、风险性、突变型、客观性、科学性、有益性和综合性。创新思维的作用是不断地增加人类知识的总量，推进人类认识世界的水平，为实践开辟新的局面,将成为未来人类的主要活动方式和内容。创新思维的基本类型有:发散思维与集中思维、正向思维与逆向思维、形象思维与抽象思维、直觉思维与灵感思维、综合思维,创新的源泉来自实践。

本章还阐述了创业调研方案设计的相关概念、重要性和主要内容,其中主要内容可以分为:确定调研项目、选择调研的类型、选择基础的调研方法、确定调研对象和调研单位、确定调研的时间规划、进行经费预算、制订调研的组织计划。

习题

1. 名词解释

(1) 创新思维;(2) 发散思维;(3) 逆向思维;(4) 形象思维。

2. 简答题

(1) 简述创新思维的定义。

(2) 简述创新思维的特征。

(3) 简述创新思维的分类及其特点。

(4) 简述创新思维的常用方法,并举例说明。

(5) 简述创新创业调研方案的三个类型,以及各类型之间的区别。

3. 思考题

通过本章的学习,分析本章案例中两个创业者获得成功的原因。

课后拓展

本章介绍了创新思维、创业调研方案设计的相关内容。创新人才必须具有创新思维,请你结合自身,谈谈将来准备成为什么行业的创新人才?列举一下你的具体方法并阐述原因。

第3章

创新的方法

内容提要

人类发展和科学技术演变的历程表明：重大的历史跨越和重要的科技进步都与思维创新、方法创新、工具创新密切相关。当前，创新已是企业生存和发展的不竭源泉和动力，发掘、认识和把握创新活动中的规律，掌握创新方法，可以加快人们创造发明的进程，帮助企业提高创新的效率。先进的创新方法是科技进步的基础与保证，是提升国家创新能力的重要手段。

本章通过对创新方法的发展历程、种类及内在特征进行诠释，让大家对创新方法有一个清晰的认识。

学习目标

①了解各个创新方法的概念；
②了解各个创新方法在不同案例中的应用；
③掌握"头脑风暴"法；
④掌握每个创新方法的流程。

3.1 "头脑风暴"法

美国 BBDO（Batten，Bcroton，Durstine and Osbarn）广告公司的创始人亚历克斯·奥斯本（Alex Faickng Osborn）于1939年首次提出"头脑风暴"法，并于1953年正式发表了这种激发创造性思维的方法。

3.1.1 "头脑风暴"法的概念

"头脑风暴"法也称智力激励法、自由思考法，通常指一群人开动脑筋，进行自由的、有创造性的思考与联想，并各抒己见，在短暂的时间内提出解决问题的大量构想的一种方法。"头脑风暴"法是当今最负盛名、最具实用性的一种集体创造性地解决问题的方法。

3.1.2 "头脑风暴"法的基本规则

召开"头脑风暴"法会议之所以会产生大量的新创意，主要有以下原因：一是在轻松融洽的气氛中，每个人都能敞开想象，自由联想，各抒己见；二是能够产生互相激励、互相启发的效果，每个人的创意会引起他人的联想，产生连锁反应，形成有利于解决问题的多种创意；三是会议讨论能激发参与者的热情，激活思维，开阔思路，有益于突破思维定式和旧观念的束缚，激起竞争意识，争强好胜的天性会使参与者积极开动脑筋，发表独到的见解和新奇的观念。

在使用"头脑风暴"法解决问题时，为了减少群体内的社交抑制因素，激励新想法的产生，提高群体的创造力，必须遵守以下基本规则：

（1）暂缓评价

在"头脑风暴"会议上，会议主持人和会议参与者对各种意见和方案的准确性不能当场作出评价，更不能当场提出批评或指责。对现有观点的批评不仅会占用宝贵的时间和脑力资源，而且容易使参与者的发言谨慎保守，遏制新观点的诞生。所有的想法都有潜力成为好观点、好方法，或者能够启发他人产生新的想法，参与者着重于对想法进行丰富和拓展，将评论放在后面的评价阶段进行，延迟评判的策略，可以形成有利的气氛，有助于参与者提出更多的想法。

（2）鼓励提出独特的想法

参与者在轻松的氛围下，能够各抒己见，提出的独特见解甚至是异想天开的、荒唐的，从而拓展思路，提供比常规想法更好的解决方案。若要产生独特的想法，可以反过来看问题，也可以换一个角度考虑问题，甚至可以撇开假设。

（3）追求数量

如果追求方案的质量，容易将时间和精力集中在对该方案的完善和补充上，从而影响其他方案的提出和思路的开拓，也不利于调动所有成员的积极性。如果"头脑风暴"会议结束时有大量的方案，就极有可能发现一个非常好的方案。

（4）重视对想法的组合和改进

小组讨论对想法进行组合和改进可以产生更好的、更完整的想法，更好地体现集体智慧。

3.1.3 "头脑风暴"法的小组成员

"头脑风暴"法在实施过程中,对小组成员和主持人的要求如下:

(1) "头脑风暴"小组人数的确定

奥斯本认为,参加人数以 5~10 人为宜,包含主持人和记录员在内以 6~7 人为最佳。"头脑风暴"法小组人数的多少取决于主持人风格、小组成员个体的情况等因素,小组人数太多或太少,效果都不理想,人数过多时会使某些人没有畅所欲言的机会,过少时会使场面冷清,影响参与者的热情。参与者最好职位相当,对所要解决的问题都感兴趣,不必均为同行。

(2) 小组中不宜有过多的专家

在进行"头脑风暴"的过程中,如果专家太多,就很难做到暂缓评价,权威在场会给参与者造成心理压力,难以形成自由的发言氛围。然而,在实际操作"头脑风暴"的时候,参与者往往是各个部门的专家能手。在这种场合,无论主持人还是参与者,都应注意不要从专业角度发表评论,否则会引起争议,打破暂缓评价的局面,产生不良效果。还有一点很重要,这就是专家的人选应严格限制,以便参与者把注意力集中于所涉及的问题。如果参与者相互认识,则从同一职位(职称或级别)的人员中选取;如果参与者互不认识,则可从不同职位(职称或级别)的人员中选取。在这种情况下,不应宣布参与人员的职称或职务。参与者不论职称或职务级别的高低,但专业应与所论及的决策问题相一致。这并不是专家组成员的必要条件,但是,专家中最好包括一些学识渊博、对所论及问题有较深理解的其他领域的专家。

(3) 小组成员最好具有不同的学科背景

如果小组成员具有相同的学科背景,是同一领域的专家,则可能会沿着固有专业方向的常规思路来开发思想、产生观念,产生的构想范围有限,不能发挥"头脑风暴"的优势。如果小组成员背景不同,则可能从不同的层面、方向和角度提出不同的观点,有利于获得"头脑风暴"效应。

(4) 参与者具有较强的联想能力

参与者具有较强的联想能力是"头脑风暴"法获得良好效果的重要保证。在进行"头脑风暴"时,组织者应尽可能提供一个有助于把注意力高度集中于讨论问题的环境。在"头脑风暴"会议上,有的人提出的设想可能是其他准备发言的人已经思考过的设想。其中一些最有价值的设想,往往是在已提出设想的基础上,经过"头脑风暴"发展起来的设想,或对两个或多个设想进行综合所得到的设想。因此,"头脑风暴"法产生的结果是成员集体创造的成果,是"头脑风暴"小组成员互相感染、激励、补充和完善的结果。

(5) "头脑风暴"小组主持人的确定

只有主持人对整个"头脑风暴"过程进行适度控制和协调,才能减少"头脑风暴"的抑制因素,激励新想法,发挥小组群体的创造力,获得预期的效果。为了更好地掌控"头

脑风暴"会议,使"头脑风暴"达到既定目标,主持人可以运用以下技巧:

1) 在参与者发言气氛相当热烈时,可能会出现许多违背"头脑风暴"法基本原则的现象,如交头接耳、哄堂大笑,甚至公开评论他人意见等,此时主持人应当立即制止,并号召大家给予发言者鼓励。

2) 当许多灵感被陆续激发出来,而参与者开始表现出疲惫状态,灵感激发速度明显下降时,主持人可以用"每人再提两个点子就结束"之类的话语再次激发创意。

3) 主持人应控制时间,一般建议控制在1h,以免参加者太疲倦而产生反感。在会议结束时,主持人应对会议的成果表示肯定,对参与者表示感谢。

3.1.4 "头脑风暴"法的实施

1. "头脑风暴"法的三个阶段

"头脑风暴"法可分为会前准备、会议过程和创意评价三个阶段。

(1) 会前准备

1) 确定讨论主题。讨论主题应尽可能具体,最好是实际工作中需要解决的问题,目的是有效地联想和激发创意。

2) 如果可能,应提前对提出初始问题的个人、集体或部门进行访谈调研,了解解决该问题的限制条件、制约因素、阻力与障碍及任务的最终目标。

3) 确定参加会议的人选,并将问题写成问题分析材料,在召开"头脑风暴"会议前,连同会议程序及注意事项一起发给各位与会人员。

4) 举行热身会,在正式会议之前召开预备会议。在多数情况下小组成员缺乏参加"头脑风暴"会议的经验,做到遵守原则延迟评价也比较困难。所确定的讨论主题涉及面不宜太宽,主持人应将讨论主题告诉会议参与者,并附加必要的说明,让参与者收集资料,按正确的方向思考问题。在热身会上,要向参与者说明"头脑风暴"法的基本规则,解释创意激发方法的基本技术,并对参与者所做的任何有助于发挥创造力的尝试都予以肯定和鼓励,从而让参与者形成两种思维习惯来适应"头脑风暴"法和"头脑风暴"法的气氛。

(2) 会议过程

在会议过程中要注意以下几个问题:

1) 由会议的主持人重新叙述议题,要求小组人员讲出与该问题有关的创意或思路。

2) 想发言的参与者先举手,由主持人指名开始发表设想,发言力求简单扼要,一句话的设想也可以,注意不要作任何评价。发言者首先提出由自己事先准备好的设想,再提出受别人的启发而得出的思路。从这一阶段开始,就存在着"头脑风暴"的创造性思维方法。

3) 若是"头脑风暴"法进行到人人都"山穷水尽"的地步,主持人必须使讨论发言再继续一段时间,鼓励参与者尽力想出妙计,因为奇思妙想往往在压力下产生。主持人在遇到会议陷于停滞时可采取其他创意激发方法。

4) 创意收集阶段与创意激发和生成阶段同时进行。执行记录任务的是组员,也可以其他组织成员,每一个设想必须以数字注明顺序,以便查找。必要时可以用录音机辅助记录,但不可以取代笔录,记录下来的创意是进行综合和改善所需要的素材,应该放在全体参与者都能看到的地方。在小组人员提出设想的时候,主持人必须善于运用激发创意的方法,使气氛轻松融洽,保证参与者坚守"头脑风暴"法的基本规则,即任何发言者都不能否定和批评别人的意见,只能对别人的设想进行补充、完善和发挥。若一次会议发表不完创意,可以再次召开会议,直至将各种创意充分发表出来为止。主持人必须充分掌握时间,时间过短,设想太少,时间过长,容易疲劳,最好的设想往往是会议快要结束时提出的,可以将已确定的会议结束时间延长 5 min,在这段时间里人们容易提出最好的设想。

(3) 创意评价

确定创意评价的通用标准有可行性、效用性、经济性、大众性等。在会议之后,要对创意进行评价和选择,以便对要解决的问题找到最佳解决办法。对设想的评价不要在进行"头脑风暴"法的同一天进行,最好过几天进行。

2. "头脑风暴"法的使用技巧

经过多年的研究和实践,人们总结了大量经验,下面简单介绍"头脑风暴"法的使用技巧,以便在实际操作中产生更好的实施效果。

1) 讨论问题的非常重要,问题设置不当,"头脑风暴"会议便难以获得成功。讨论内容的问题设置应做到以下几点:

- 在设置问题时必须注意"头脑风暴"法的适用范围;
- 讨论的问题要具体、明确,不宜过大;
- 讨论的问题不宜过小或限制性太强,如不要出现讨论 A 与 B 方案哪个更好之类的问题;
- 不要将两个或两个以上的议题同时拿出来讨论;
- 主持人要对首次参加"头脑风暴"会议的人给予关注,让新参与者熟悉该类会议的特点,并能遵守基本规则。

2) "停停走走"是"头脑风暴"法常用的技巧,即 3 min 提出设想,然后 5 min 进行思考,接着用 3 min 的时间提出设想,这样 3 min 与 5 min 过程反复交替,形成有行有停的节奏。

3) "一个接一个"是"头脑风暴"法又一个常用的技巧,参与者根据座位的顺序一个一个提出观点,如果轮到的人没有新构想就跳到下一位,如此循环,直至会议结束。

4) 参加会议的成员应当定期更换,在不同部门、不同领域挑选不同的人参加,防止群体形成固定的思维方式。

5) 参加会议成员的构成应当考虑男女搭配比例,适当的比例会极大地提高产生构想的数量。

案例 3.1

有一年,美国北方格外寒冷,大雪纷飞,电线上积满冰雪,大跨度的电线常被积雪压断,严重影响通信。过去,许多人试图解决这一问题,但都未能如愿以偿。后来,电信公司经理应用奥斯本发明的"头脑风暴"法,尝试解决这一难题。他召开了一种能让头脑卷起风暴的座谈会,参加会议的是不同专业的技术人员,要求他们必须遵守以下原则:

第一,自由思考。要求与会者尽可能解放思想,无拘无束地思考问题并畅所欲言,不必顾虑自己的想法或说法是否"离经叛道"或"荒唐可笑"。

第二,延迟评判。要求与会者在会上不对他人的设想评头论足,不发表"这主意好极了!""这种想法太离谱了!"之类的评论。至于对设想的评判,留在会后组织专人考虑。

第三,以量求质。鼓励与会者尽可能多而广地提出设想,以大量的设想来保证质量较高的设想的提出。

第四,结合改善。鼓励与会者积极进行智力互补,在提出设想的同时,注意思考如何把两个或更多的设想结合成另一个更完善的设想。

按照这种会议规则,大家七嘴八舌地议论开来。有人提出设计一种专用的电线清雪机;有人想到用电热来化解冰雪;也有人建议用振荡技术来清除积雪;还有人提出能否带上几把大扫帚,乘坐直升机去扫除电线上的积雪。对于"坐飞机扫雪"的设想,大家心里尽管觉得滑稽可笑,但在会上也无人提出批评。一位工程师在百思不得其解时,听到用飞机扫雪的想法后,大脑突然受到冲击,一种简单可行且高效率的清雪方法冒了出来。他想,每当大雪过后,出动直升机沿积雪严重的电线飞行,依靠高速旋转的螺旋桨即可将电线上的积雪迅速扇落。他马上提出"用直升机扇雪"的新设想,顿时又引起其他与会者的联想,有关用飞机除雪的主意一下子又多了七八条。不到一小时,与会的十名技术人员共提出90多条新设想。

会后,公司组织专家对设想进行分类论证。专家们认为设计专用清雪机,采用电热或电磁振荡等方法清除电线上的积雪,在技术上虽然可行,但研制费用大,周期长,短期内难以见效。而"坐飞机扫雪"激发出来的设想是一种大胆的新方案,如果可行,将是一种既简单又高效的好办法。经过现场试验,发现用直升机扇雪真能奏效,一个久悬未决的难题,终于在"头脑风暴"会中得到了巧妙的解决。

随着发明创造活动的复杂化和课题涉及技术的多元化,单枪匹马式的冥思苦想将变得软弱无力,而"群起而攻之"的发明创造战术则显示出攻无不克的威力。

3.2 综摄法

综摄法又称类比思考法、提喻法、分合法,是由美国麻省理工学院威廉·弋登(W. J. Gordon)教授于1944年提出的一种利用外部事物启发思考、开发创造潜力的方法。

3.2.1 综摄法的概念

综摄法，指由不同性格、不同专业的人员组成创新小组，针对某个问题，用分析的方法深入了解问题，查明问题的各个方面和主要细节，即变陌生为熟悉；通过模拟进行创造性思考，重新理解问题，阐明新观点等，即变熟悉为陌生，最终获得解决问题的方法。

综摄法把表面上看起来不同而实际上有联系的要素综合起来，是一种集体创造技法，一般由主持人、该问题的专家及各种专业领域的成员共同实施。应用该方法需要有丰富的经验，因此必须对应用综摄法的人员进行培训。

3.2.2 综摄法的基本假定

综摄法是建立在以下五个基本假定之上的：
1）每个人都存在潜在的创造力；
2）通过特定人的创造现象可以描述出共同的心理过程；
3）在创造过程中，感情的非理性因素比理性因素更为重要；
4）创造中的心理过程能用适当的方法加以训练和控制；
5）集体的创造过程可以模拟个人的创造过程。

3.2.3 综摄法的基本原则

综摄法是采取自由运用比喻和模拟方式进行非正式交换意见和创造性思考，促使各种设想萌发的集体创造技法，它有两项基本原则。

1. 同质异化

对现有的各种发明，积极运用新的知识或从新的角度来加以观察、分析和处理，从而产生创造性成果，即变熟悉为陌生。

例如，电子表主要用于计时，笔用于书写，两者从表面看毫无关系，但实质上有一种潜在的联系。因为用笔书写时，往往会想到写了多长时间，写到什么时候为止，或是从什么时候开始写的等，因此制作者就把两者的长处综合在一起，将电子表装在笔杆中，电子计时笔就诞生了。

2. 异质同化

在创造发明不熟悉的新东西的时候，可以借用现有的熟悉的知识来进行分析研究，启发新设想，即变陌生为熟悉。

例如谷物脱粒机发明以前，谁也没见过这种机械，它是通过当时既有的知识或熟悉的事物来进行创造。脱粒机的作用是将稻草和稻谷分开，分开的方法有用手分开，用木片把稻谷从稻草上刮下来等。后来有人发现用雨伞尖顶冲撞稻穗可以把稻谷从稻禾上分开，根据这个发现，制成了带尖刺的滚筒状谷物脱粒机。

3.2.4 综摄法的模拟技巧

为了加强发挥创造力的潜能，使人们有意识地活用异质同化和同质异化两大原则，弋登提出了四种极具实践性、具体性的模拟技巧。

1. 人格性的模拟

这是一种感情移入式的思考方法，是先假设自己变成该事物以后，再考虑自己会有什么感觉，又如何去行动，最后寻找解决问题的方案。

2. 直接性的模拟

它是指以作为模拟的事物为范本，直接把研究对象范本联系起来进行思考，提出处理问题的方案。

3. 想象性的模拟

它是指充分利用人类的想象能力，通过童话、小说、幻想、谚语等来寻找灵感，以获取解决问题的方案。

4. 象征性的模拟

它是指把问题想象成物质性的，即非人格化的，借此激励脑力，开发创造潜力，以获取解决问题的方法。

3.2.5 综摄法的操作步骤

1. 准备阶段

1）确定会议地点和会议时间；

2）确定参与人员约十名，参与者可以为不同专业的研究人员，但必须是内行；

3）主持人应具备使用本方法的常识及细节知识。

2. 实施阶段

1）主持人向参与者介绍综摄法的大意和实施概要；

2）主持人先不公开议题，而介绍与研究课题有关的资料，引导参与者进行讨论，启发他们的灵感；

3）当讨论涉及解决问题时，主持人再明确提出问题，并要求参与者按综摄法的原则和模拟技巧思考解决问题的方案；

4）整理并综合各种方案，找出最佳方案。

3.3 信息交合法

信息交合法是许国泰所创的进行组合创造的工具。许国泰认为：人的思维活动的实质，是大脑对信息及其联系的输入反映、运行过程和结果表达，一切创造活动都是创造者对自己掌握的信息进行重新认识、联系的组合过程。把信息元素有意识地组成信息标系统，使它们在信息反应场中交合，就会引出一系列的新信息组合，创造出技术发明、技术革新等成果。

3.3.1 信息交合法的概念

信息交合法，又称要素标的发明法或信息反应场法，它是一种在信息交合中进行创新的思维技巧，即把物体的总体信息分解成若干个要素，然后把这种物体与人类各种实践活动相关的用途进行要素分解，把两种信息要素用坐标法连成信息标 X 轴与 Y 轴，两轴垂直相交，构成信息反应场，每个轴上各点的信息可以依次与另一个轴上的信息交合，从而产生新的信息。简而言之，信息交合法就是通过某种方式把不同信息联系起来的方法。

3.3.2 信息交合法的实施

信息交合法的实施一般分为以下四个步骤：
1) 确定一个中心，即零坐标（原点）；
2) 给出若干标线（信息标），即串起来的信息序列；
3) 在信息标上注明有关信息点；
4) 若干信息标形成信息反应场，信息在信息反应场中交合，引出新信息。

3.3.3 信息交合法的运用

信息交合法是一种运用信息概念和灵活的手法进行多渠道、多层次的推测，想象和创新的创造性发明技法。应用信息交合法进行创造发明，就是把某些看似孤立的、零散的信息，通过相似、接近、因果、对比等联想手段搭起微妙的桥，将信息交合成一项新的概念。

例 3-1：提出新式家具家电的新设想。

1) 列举有关家具家电的信息：床、沙发、桌子、衣柜、镜子、电视、电灯、书架、录音机等。

2) 用一根标线将它们串起来，形成一根信息标。

3) 为了形成信息反应场，从每一个信息处引出两条信息射线，这些信息射线两两相交时会得到许多交点，如图 3-1 所示。

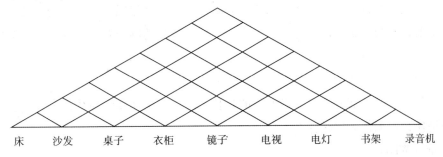

图 3-1 家具家电的信息反应场

4) 分析交点，列出可能的组合信息：沙发床、沙发桌、桌柜、穿衣镜、电视镜、电视灯、书架灯、录音机架、床头桌、沙发柜、镜桌、电视柜等。

3.3.4 信息交合法的原则

信息交合法作为一种科学实用的思考与发明方法，要遵循以下三条原则：

1）整体分解原则。先把对象及其相关条件整体加以分解，按序列得出要素。
2）信息交合原则。各轴的每个要素逐一与另一个轴的各个标相交合。
3）结晶筛选原则。通过对方案的筛选，找出更好的方案。如果研究的是新产品开发问题，那么，在筛选时应注意新产品的实用性、经济性、易生产性、市场可接受性等。

3.4 "5W2H"分析法

3.4.1 "5W2H"分析法的概念

"5W2H"分析法在第二次世界大战中由美国陆军兵器修理部首创。该方法简单、方便、易于理解、实用，富有启发意义，广泛用于企业管理和技术活动，对于决策和执行性的活动措施非常有帮助，有助于弥补考虑问题的疏漏。

1）Why——为什么？为什么要这么做？理由何在？原因是什么？
2）What——是什么？目的是什么？做什么工作？
3）Where——何处？在哪里做？从哪里入手？
4）When——何时？什么时间完成？什么时机最适宜？
5）Who——谁？由谁来承担？谁来完成？谁负责？
6）How——怎么做？如何提高效率？如何实施？方法怎样？
7）How much——多少？做到什么程度？数量如何？质量水平如何？费用产出如何？

3.4.2 "5W2H"分析法的应用

（1）为什么（Why）

为什么采用这个技术参数？为什么不能有响声？为什么停用？为什么变成红色？为什么要做成这个形状？为什么采用机器代替人力？为什么产品的制造要经过这么多环节？为什么非做不可？

（2）做什么（What）

条件是什么？哪一部分工作要做？目的是什么？重点是什么？与什么有关系？功能是什么？规范是什么？工作对象是什么？

（3）谁（Who）

谁来办最方便？谁会生产？谁可以办？谁是顾客？谁被忽略了？谁是决策人？谁会受益？

(4) 何时 (When)

何时要完成？何时安装？何时销售？何时是最佳营业时间？何时工作人员容易疲劳？何时产量最高？何时完成最为适宜？需要几天才算合理？

(5) 何地 (Where)

何地最适宜某物生长？何处生产最经济？从何处买？还有什么地方可以作为销售点？安装在什么地方最合适？何地有资源？

(6) 怎样 (How)

怎样做省力？怎样做最快？怎样做效率最高？怎样改进？怎样得到？怎样避免失败？怎样求发展？怎样增加销路？怎样达到效率？怎样才能使产品更加美观大方？怎样使产品用起来方便？

(7) 多少 (How much)

功能指标达到多少？销售多少？成本多少？输出功率多少？效率多高？尺寸多少？重量多少？

例 3-2：社会治安根本好转有无可能？

某住宅区社会治安不好，入室盗窃案一直居高不下。物业管理委会主任应用"5W2H"分析法使本地区社会治安得到根本好转。经分析，发现问题出在三个方面：

1) 何人 (Who)。根据以往作案的脚印、指纹分析是团伙作案，初步判断是外地流窜于本市的无业游民组成了以盗窃为"业"的犯罪团伙。

2) 何时 (When)。基本上在深夜以窗户的铁栏杆防护窗为攀登物，再进入厨房窗、厕所窗入室盗窃。窃贼有明确的分工：有望风的、专门转移巡逻人视线的和传递赃物的人。

3) 如何 (How)。由于住宅区四面全有出入口，现改为半封闭管理；专业保安与"业余"保安相结合，将报警器安装在盗贼必经的出口路上；一旦有事，小区内亮起强光；装上电子眼予以监控。

经过"5W2H"分析法，三个月内破获了三个盗窃团伙，半年后入室盗窃案绝迹。

3.5 奥斯本检核表法

奥斯本检核表法根据需要研究对象的特点列出有关问题，形成检核表，然后依次核对讨论，发掘解决问题的设想。它引导人们根据检核项目的思路来求解问题，从而进行比较周密的思考。

3.5.1 奥斯本检核表法的定义

奥斯本检核表法是针对某种特定要求制定的检核表，主要用于新产品的研制开发。奥斯本检核表法以该技法的发明者奥斯本命名，引导主体在创造过程中对照九个方面的问题进行思考，以便启迪思路、开拓思维想象的空间，促进人们产生新设想、新方案，主要面对九个大问题：有无其他用途、能否借用、能否改变、能否扩大、能否缩小、能否代用、能否重新调整、能否颠倒、能否组合。

奥斯本检核表法是一种产生创意的方法。在众多的创造技法中，这种方法是一种效果比较理想的技法。由于它突出的效果，被誉为创造之母。人们运用这种方法，产生了很多杰出的创意，以及大量的发明创造。

3.5.2 奥斯本检核表法的优势

提问，尤其是提出有创见的新问题本身就是一种创新。奥斯本检核表法是一种多向发散的思考，使人的思维角度、思维目标更丰富。另外核检思考提供了创新活动最基本的思路，可以使创新者尽快集中精力，朝提示的目标方向去构想、创造和创新。奥斯本检核表法有利于提高创新的成功率。创新发明最大的敌人是思维惰性，大部分人的思维总是自觉或不自觉地沿着长期形成的思维模式来看待事物，对问题不敏感，即使看出了事物的缺陷和毛病，也懒于进一步思索，不爱动脑筋，不进行积极的思维，因而难以有所创新。检核表法的设计特点之一是多向思维，用多条提示引导人们发散思考。如奥斯本创造的检核表法中有九个问题，就好像有九个人从九个角度帮助你思考，你可以把九个思考点都试一试，也可以从中挑选一两条集中精力深思。检核表法使人们突破了不愿提问或不善提问的心理障碍，在进行逐项检核时，强迫人们扩展思维，突破旧的思维框架，开拓创新的思路，有利于提高发现创新的成功率。

3.5.3 奥斯本检核表法的步骤

奥斯本检核表法的核心是改进，其基本做法是：首先选定一个要改进的产品或方案；其次，面对一个需要改进的产品、方案或问题，从下列角度提出一系列的问题，并由此产生大量的思路；最后，根据提出的思路进行筛选和进一步思考、完善。

奥斯本检核表法的步骤如下：

1）根据创新对象明确需要解决的问题；

2）根据需要解决的问题，参照表中列出的问题，运用想象力依次核对讨论，写出新设想；

3）对新设想进行筛选，将最有价值和创新性的设想筛选出来。

3.6 "六顶思考帽"法

"六顶思考帽"法是德·波诺博士在创新思维领域的研究成果，一经发表便得到学术界和社会各界的广泛认同。

3.6.1 "六顶思考帽"法的概念

"六顶思考帽"法是平行思维工具，是创新思维工具，也是人际沟通的操作框架，更是提高团队智商的有效方法。

"六顶思考帽"法操作简单,并且经过反复验证能够帮助人们,其内容包括:

- 提出建设性的观点;
- 聆听别人的观点;
- 从不同的角度思考同一个问题,得到高效的解决方案;
- 用平行思维取代批判式思维和垂直思维;
- 集思广益,为统合综效提供操作工具。

3.6.2 "六顶思考帽"法的基本思维模式

"六顶思考帽"法,是指使用六种不同颜色的帽子代表六种不同的思维模式。任何人都有能力使用以下六种基本思维模式:

- 戴上白色思考帽,人们思考的是客观的事实和数据。
- 戴上黄色思考帽,人们从正面考虑问题,表达乐观的、满怀希望的、建设性的观点。
- 戴上黑色思考帽,人们可以运用否定、怀疑、质疑的看法,进行合乎逻辑的批判,尽情地发表负面的意见,找出逻辑上的错误。
- 戴上红色思考帽,人们可以表达情绪、直觉、感受、预感等。
- 戴上绿色思考帽,人们可以表现创造力和想象力,具有创造性思考、"头脑风暴"、求异思维。
- 戴上蓝色思考帽,人们可以控制和调节思维过程,控制各种思考帽的使用顺序,规划和管理整个思考过程,并负责做出结论。

3.6.3 "六顶思考帽"法的应用

1. 应用流程

下面是一个"六顶思考帽"法在会议中的典型的应用流程:

1) 陈述问题(白帽);
2) 提出解决问题的方案(绿帽);
3) 评估该方案的优点(黄帽);
4) 列举该方案的缺点(黑帽);
5) 对该方案进行直觉判断(红帽);
6) 总结陈述,做出决策(蓝帽)。

2. 应用说明

对"六顶思考帽"法理解的最大误区就是仅仅把思维分成六个不同的颜色,但其实对"六顶思考帽"法的应用关键在于使用者用何种方式去排列帽子的顺序,也就是组织思考的流程。只有掌握了思考的流程,才能真正掌握"六顶思考帽"法的应用方法,不然往往会让人们感觉这个工具并不实用。而帽子顺序的编制仅通过读书是难以达到理想效果的。

帽子顺序非常重要，如同写文章的时候需要事先计划结构提纲，编制大段程序之前需要设计整个程序的模块流程，思维同样是这个道理。

在多数团队中，团队成员被迫接受团队既定的思维模式，限制了个人和团队的配合度，不能有效地解决某些问题。运用"六项思考帽"法，团队成员不再局限于某一单一思维模式，而且思考帽代表的是角色分类，是一种思考要求，而不代表扮演者本人。"六项思考帽"法代表的六种思维角色，几乎涵盖了思维的整个过程，既可以有效地支持个人的行为，也可以激发团队讨论。

"六项思考帽"法思维是革命性的，它把我们从思辨中解放出来，帮助人们把所有的观点并排列出，寻找解决之道。

使用"六项思考帽"法，可以理清思考的不同方面，而不是一次解决所有问题。我们可以集中考虑风险因素，其次是利益，然后是感受等。

我们可以让一个人戴上帽子采用某种思维或者摘下帽子结束思考。"六项思考帽"法使我们能够简单并礼貌地鼓励思考者在每个思考过程采用相等的精力，而不是一直僵化地固定在一种模式。

本章要点回顾

本章主要介绍了"头脑风暴"法、综摄法、信息交合法、"5W2H"法、奥斯本检验表法、"六项思考帽"法共六种创新的思考方法，重点对每种方法具体的概念、原理、特点、操作流程、使用情况和对象进行了详细的描述，并且列举了部分案例帮助读者记忆和理解以上思维方法。

习题

1. 名词解释

（1）"头脑风暴"法；（2）综摄法；（3）"六项思考帽"法；（4）"5W2H"法。

2. 简答题

（1）简述"头脑风暴"法的基本规则和三个阶段。

（2）简述综摄法的五个基本假定和两个基本原则。

3. 思考题

通过案例3.1，分析"头脑风暴"法的优点。

课后拓展

本章介绍了几种不同的创新方法，列举每种方法在现实生活中的具体应用。

第 4 章

技术创新

内容提要

科学技术的发展引领并不断推动着人类从农业、工业向知识经济社会发展的进程。随着我国企业越来越多地参与国际市场的竞争,技术创新已经成为企业提升竞争能力、体现竞争优势的主导因素。很多企业做出了相同的战略选择,努力提高创新管理水平,着力支持企业的技术创新。对于创业者来说,技术创新同样具有很强的现实意义。

学习目标

①了解技术创新的概念与特点;
②掌握技术创新的类型与过程;
③理解技术创新管理的定义;
④熟悉技术创新管理的体系及其目标;
⑤掌握技术创新管理的重要性、复杂性与必要性。

4.1 技术创新概述

技术创新能力在当今世界已经成为企业竞争力和竞争优势的主要来源。技术创新是一种以技术为手段,实现经济目的的活动。本节将对技术创新的原理进行概述,并简单介绍技术创新的方法。

4.1.1 技术创新的概念和相关理论

1. 技术创新的定义

学术界对于技术创新的定义进行了反复的讨论和争论，焦点集中在以下三个方面：

1）关于定义的范围。狭义的技术创新仅限于与产品直接有关的技术变动；广义的技术创新既包括产品和工艺的创新，也包括非技术性的创新，如组织创新、制度创新。

2）关于技术变动的强度。有人主张只有技术的根本性变化才是创新；另一些人则主张技术创新既包括技术的根本性变化，也包括技术的渐进性变化。

3）关于新颖程度。有人主张技术创新只限于首次发现；另一些人则主张创新的扩散性应用（在世界上不算"新"，但在某一国家或地区仍然是"新"）也应包括在内。

不管持何种观点，有一点认识是共同的，那就是技术创新都必须实现商业化应用。

综合各种讨论，将技术创新定义为：技术创新是指由技术的新构想，经过研究开发或技术组合到实际应用，并产生经济、社会效益的商业化全过程的活动。

其中，"技术的新构想"指新产品、新服务、新工艺的新构想，构想的产生可以来源于科学发现、技术发明，也可以来源于用户需求；"研究开发"是实现技术新构想的基本途径；"技术组合"指将现有技术进行新的组合，进行少量的研究开发或不经过研究开发即可实现；"实际应用"指生产出新产品，提供新服务，采用新工艺或对产品、服务、工艺的改进；"经济、社会效益"指近期或未来的利润，市场占有或社会福利等；"商业化"指全部活动出于商业目的；"全过程"则指从新构想产生到获得实际应用的全部过程。

2. 技术创新定义的理解

很多人将技术创新单纯地理解为技术发明或创造，这是不准确的。这二者的字面意思比较接近，但实际含义却有很大差别。在英文中，"创新"（innovation）和"创造"（creation）从字面上看差别也比较明显。理解技术创新概念，要注意其以下三个特点。

（1）技术创新是基于技术的活动

技术创新与非技术创新的区别在于基本手段。在经济、技术和社会活动中，存在组织创新、管理创新和制度创新等，它们都可能产生商业价值。这并不是说技术创新不涉及管理、组织、制度的变动，相反，技术创新往往要有相应的组织、管理甚至制度的变动相配合，但在定义上应将其涵盖的范围加以限定，不宜将其所涉及的全部内容包含在其定义之内。

（2）技术创新所依据的技术变动允许有较大的弹性

在所给出的技术创新的定义中未强调技术突破（根本性变动），允许将技术的增量性变动包括在技术创新的定义之中。在定义的外延上，不仅包括新产品、新工艺，还可以包括对产品、工艺的改进；在实现方式上，可以是在研究开发中获得新知识、新技术的基础上实现技术创新，也可以将已有技术进行新的组合（没有新知识和新技术的产生）以实现技术创新。

（3）技术创新是技术与经济结合的活动

技术创新不是纯技术活动，而是技术与经济结合的活动。从本质上说，技术创新是一种经济活动，是一种以技术为手段，实现经济目的的活动。技术创新的关键在于商业化，检验技术创新成功与否的基本标准是商业价值（在有些情况下也包含社会价值）。

3. 与技术创新有关的概念

在我国经济、技术实践中，有几个概念常与技术创新混淆，如技术发明（创造）、研究开发、技术成果转化、技术进步、技术改造等。

(1) 技术发明（创造）

技术发明（创造）是指在技术上有较大突破，并创造出与已有产品原型或方法完全不同或有很大改进的新产品原型或新的方法。技术发明仅指技术活动，只考察技术的变动性，不考察是否应用和产生经济效益。技术发明可以形成具有商业目的的技术新构想，从而构成技术创新活动的一个环节（组成部分），从这个意义上说，技术创新可以包含技术发明。但是，技术发明可能不具备商业价值，也可能终止于技术原型，这样，技术发明就不能构成技术创新的一个环节。如果不考虑后一种情况，将从发明到应用看成一个完整的技术活动链，技术发明侧重于链的前端，而技术创新则涉及整个链，且更侧重于链的后端。

(2) 研究开发

研究开发是构成技术创新的一个必要环节，因此，它只能是技术创新的一部分。但是，当研究开发活动未延伸至商业化应用时，则没有完成技术创新的全过程，研究开发也侧重于技术活动链的前端。

(3) 技术成果转化

在我国，技术成果转化这一概念被广泛应用，至今还没有严格的定义。它一般是指将研究开发形成的技术原型（产品样机、工艺原理及基本方法等）进行扩大试验，并投入实际应用，生产出产品推向市场或转化为成熟工艺投入应用的活动。从实践上看，我国的技术成果转化是最接近技术创新的一个概念，二者都侧重于技术活动链的后端，都强调商业价值。不过，技术创新不仅可以源于已有的研究开发成果，即技术原型，也可以源于技术的研究开发活动本身。因此，严格地说，技术创新是一个更广义的概念，它包含了技术成果的转化。

(4) 技术进步

技术进步是一个含义十分宽泛的概念，人们一般用它来表示社会技术经济活动的结果，在经济学上，技术进步指经济增长扣除资本、劳动力等基本要素贡献后的余额。技术进步的实现手段很多，如提高教育水平和劳动者素质、实现规模经济等，但实现技术进步的根本途径则是技术创新。在这个意义上，可以说技术创新是手段，技术进步是结果。在我国，也有人把实现技术进步的手段包括在技术进步的大概念之内，是各种因素的集合，技术创新则是技术进步的一个组成部分。

(5) 技术改造

技术改造是我国特有的概念，它是为区别基本建设而提出的。基本建设一般指新建工程项目的行为，技术改造则指在已有基础上改建或扩建的行为，因此技术改造是用于投资项目的术语，与技术创新是完全不同的两个概念。但是，在技术改造中也存在采用新技术、将技术成果加以商业化实现的活动,在这个意义上也可以说,技术改造中存在技术创新,技术改造是实现技术创新的一种方式(特别是当技术创新需要相应的投资建设时更是如此)。

4.1.2 技术创新的类型

技术创新可以按照创新程度、创新对象、技术变动的方式等进行分类。

1. 按创新程度分类

按技术创新中技术变化的强度分类,可将技术创新分为渐进性创新和根本性创新两类。

(1) 渐进性创新

渐进性创新是指对现有技术进行局部改进所产生的技术创新。在现实的经济技术活动中,大量的创新是渐进性的,如对现有的手机进行改造,生产出屏幕更大,操作界面更友好,能进行 MP3/MP4 播放、拍照、摄像、无线上网的手机。

(2) 根本性创新

根本性创新是指在技术上有重大突破的技术创新,如第五代移动通信手机就是一项根本性创新。

2. 按创新对象分类

按创新对象的不同,可将技术创新分为产品创新和工艺创新两类。

(1) 产品创新

产品创新是指在产品技术变化基础上进行的技术创新,包括在技术发生较大变化的基础上推出新产品,也包括对现有产品进行局部改进而推出改进型产品。广义的产品包括服务(无形产品),因此,产品创新也包括服务创新。

(2) 工艺创新

工艺创新又称过程创新,是指生产(服务)过程技术变革基础上的技术创新。工艺创新包括在技术较大变化基础上采用全新工艺的创新,也包括对原有工艺的改进所形成的创新,炼钢工艺中的氧气顶吹转炉工艺是对平炉工艺的全新工艺创新;在生产过程中大量采用微机控制、节能降耗的工艺改进,并未改变基本工艺流程和方法,也是工艺创新,能产生良好的经济效益。

3. 按技术变动的方式分类

技术变动方式可分为结构性变动和模式性变动。结构性变动是指技术(产品或工艺)要素结构或联结方式的变动,如从有线电话到无线电话是通信技术的结构性变动。模式性变动是指技术原理的变动,如从模拟通信技术到数字通信技术是通信技术的模式变动。

按技术变动方式的不同,可将技术创新分为四类。

(1) 局部性创新

局部性创新又称渐进性创新,是指在技术结构和模式均未变动条件下的局部技术改进所形成的创新,如电话机由拨号式改进为按键式的创新就是一种局部创新。

(2) 模式性创新

模式性创新是指在技术原理变动基础上的技术创新,如由模拟交换到数字交换的创新就是通信技术的模式性创新。

(3) 结构性创新

结构性创新是指技术结构变动形成的技术创新,无线电话一定程度上改变了通信连接方式,但原理并未发生变化。

(4) 全面性创新

全面性创新是指技术结构和模式均发生变动所形成的创新,如由模拟式有线通信技术到数字式无线通信技术所形成的技术创新就是全面性的创新。

4.1.3 技术创新过程的模型

技术创新的过程主要分为单项技术创新过程和系列技术创新过程两个方面,本节着重介绍单项技术创新过程的模型。

1. 线性模型

线性模型认为技术创新是由前一环节依次向后一环节推进的过程。根据起始环节的不同,又分为技术推动模型和需求拉动模型。

(1) 技术推动模型

技术推动模型如图 4-1 所示,这是最早提出的模型。该模型认为,技术创新是由科学发现和技术发明推动的,因而研究开发是创新的主要来源。研究开发产生的成果在寻求应用过程中推动创新的完成,市场是创新成果的被动接受者。在现实中,当出现重大技术突破时,会出现大量符合这种类型的创新,如无线电、晶体管、计算机的发明导致大量创新的出现。

图 4-1 技术创新过程的技术推动模型

在技术创新管理中要遵循技术推动的相应规律,因势利导,促进技术创新的成功。技术推动模型对许多国家制定科技政策、配置科技资源,对企业管理创新活动产生了很大影响。

(2) 需求拉动模型

通过对大量技术创新的实际考察,人们发现大多数技术创新不是由技术推动引发的,需求拉动起了更重要的作用,于是提出了需求拉动模型,如图 4-2 所示。该模型认为,技术创新是市场需求和生产需要激发的,市场的开拓与扩展及节省相对昂贵的原材料和其他消耗成为创新的最重要的动力。研究表明,就数量来说,60%~80% 的创新是由市场需求引发的,因此,对企业来说,需求拉动型创新更为重要。

图 4-2　技术创新过程的需求拉动模型

2. 交互模型

很多人认为线性模型将创新界定为由前一环节向后一环节单向推进的过程过于简单化,对创新的激发过程过于绝对化,于是在综合前两种模型的基础上提出了交互模型,如图 4-3 所示。该模型认为,技术创新是由技术和市场共同作用引发的,创新过程中的各环节之间及创新与市场需求和技术进展之间存在交互作用。

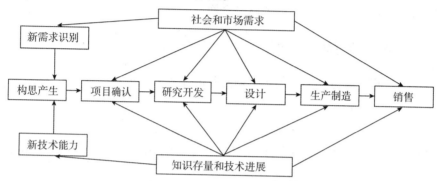

图 4-3　技术创新过程的交互模型

上述模型的共同特点是,着重于技术创新的引导机制,重视创新过程的启动环节,而对中间过程的描述都比较粗略。可以说,这些模型是过程描述模型,更是诱导机制模型。

4.2　技术创新管理

技术创新是一项高风险且非常复杂的工作,要成功地进行技术创新,以比较低的投入带来比较高的产出,必须了解技术创新的基本规律,掌握科学有效地开展技术创新的方法,加强对技术创新的管理。由于技术创新的高风险性和复杂性,技术创新管理也是一项非常复杂、难度很大的工作,面临一系列的挑战,需要有一套科学的、系统的理论和方法加以指导。

技术创新管理所涉及的空间和时间范围在不断扩展,具体说,有以下趋势:

1)从关注技术活动的某些阶段(研究开发阶段)向关注技术活动的全过程(技术创新过程)发展;

2)从关注单项活动(技术开发活动)向关注多项活动集成(技术开发、组织变动、人力资源开发等)演进;

3)从关注局部活动(技术性活动)向关注全局性活动(技术、生产、商业等)变化;

4)从静态管理向动态管理推进,强调适应不断变化的环境并及时调整。

4.2.1 技术创新管理体系

技术创新工作是一项涉及多部门、多环节的系统工程，为了企业技术创新活动顺利进行，必须建立一套完善高效的管理体系。

企业通过技术创新管理体系的构建和一定时间的运行，能够提高技术创新实力及技术创新管理水平；通过不断开展的技术创新活动，实现企业一定时期的技术创新发展规划；通过技术创新发展规划与企业发展战略的整合，最终实现企业的整体发展战略目标。

企业技术创新管理体系是一个动态的系统过程，企业应随着发展战略目标的调整，及时制订与之相适应的技术创新发展规划，动态调整和修订企业的技术创新管理体系，确保由其形成的技术创新核心能力以及采取的技术创新模式和途径始终与企业技术创新规划相协调。

企业技术创新管理体系包括技术创新资源管理、技术创新决策管理、技术创新过程管理、技术创新风险管理、技术创新制度管理、技术创新营销管理、技术创新文化管理七个部分，如图4-4所示。每个组成部分共同作用形成企业技术创新管理体系的总体框架。同时，这七部分内容之间又是相互作用、相互制约的，具有很强的相关性，只有使各部分都处于相对最优状态，才能保证管理体系总体功能的最大化，因而必须始终保持各组成部分之间的协调和互动。

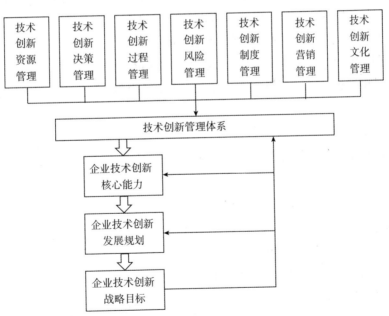

图4-4 企业技术创新管理体系及具体运行过程

管理体系的运行需要一定的政策环境、经济环境、社会文化环境、管理体制环境、技术环境、市场环境的相互配合，才能处于最优状态。

企业技术创新管理体系表现为企业有关技术创新活动的各项规定、制度、办法、要求等，有关技术创新活动的各项具体措施、方案、模式、途径等，有关实施技术创新管理工作的各个机构、组织、设施、人员等，以及各部分之间的合理配置和有机组合。

技术创新管理体系的实施和运转是企业对技术创新工程的具体管理过程，运行结果是企业技术创新核心能力的形成，以及企业技术创新规划目标的实现。

1. 技术创新资源管理

技术创新资源主要包括研发资金资源、有关技术创新的仪器设备和设施资源、技术创新的人才资源、技术创新的信息资源等，表现为：

1）各种资源的来源、筹集方案、实现途径、保障的具体规定和措施；

2）各种资源的积累、储备、更新和保管；

3）各种资源在技术创新实施过程中的优化配置和合理利用；

4）各种资源管理部门和人员的职责、任务；

5）各种资源使用过程的监控及使用效果的考核评估。

2. 技术创新决策管理

技术创新决策是企业技术创新活动的关键环节，直接关系着企业技术创新过程的风险及最终效果。为了保证决策结果的科学性和合理性，企业应做到以下几点：

1）建立健全民主决策的科学决策制度和规定，确保决策过程的民主集中制和决策方法的科学性；

2）建立包括企业内外部专家在内的项目评估组织，实现项目的优化决策；

3）开展企业技术创新项目的论证，从市场需求论证、技术成熟性论证、创新能力论证、实施技术方案论证等方面进行全面综合的分析；

4）做好创新项目的事中、事后评价，通过事中评价及时发现项目实施中存在的问题并予以纠正，通过事后评价总结项目实施过程中的成功经验和失败教训，更好地指导今后的技术创新活动。

3. 技术创新过程管理

技术创新过程是一个组织或组织群体构成的系统的技术经济活动过程，对该过程的管理包括：

1）对技术创新活动各环节具体实施、操作的有关规章制度的制定；

2）对各个环节、参与组织各个部门的组织和协调；

3）对项目实施各环节的全过程监控；

4）对项目实施过程中各环节、各部门的绩效考核和评估等。

4. 技术创新风险管理

技术创新过程是一项高风险的技术经济活动，包括技术风险、市场风险、知识产权风险、信用风险、时间风险等多种风险。实施风险管理，就是针对技术创新过程中各个环节进行如下工作：

1）进行风险的预测和分析；

2）进行风险的预警和评估；

3）进行风险的监测和控制；

4）进行风险的化解和规避；

5）进行风险的补救措施和方案设计；

6）进行风险的责任界定和合理负担等管理工作。

5. 技术创新制度管理

技术创新制度管理主要包括以下三个方面：

1）技术创新过程中各个环节、各个步骤的具体操作制度。由于企业技术创新活动是一项连接科研成果和市场需求的系统运动过程，这期间包括多个繁杂的环节和步骤，必须使这些环节和步骤的具体操作和运转制度化、规范化，才能保证最终的创新效果；

2）技术创新参与各方的协调管理制度，即有关创新过程中成果提供者，风险投资者，原料供应者，项目施工者等各方的权利、责任、义务等方面的制度；

3）企业技术创新的配套管理制度，如有关技术创新的产权制度、组织制度、分配制度、培训制度、奖惩制度、调控制度等。

6. 技术创新营销管理

技术创新营销管理主要侧重于两个方面：

1）创新产品的市场开拓，包括产品的广告策划、营销方案设计、目标市场的确定、营销渠道的选择、促销方式的优化，使企业的创新产品尽快占领市场，实现企业创新产品由产品化到商业化的成功转变；

2）发挥技术创新的功能，通过销售部门的营销活动，使营销人员深入市场，及时了解用户对产品的需求，对产品的需求信息做出及时的反馈，为企业实施技术创新提供更多的信息来源。

7. 技术创新文化管理

技术创新文化管理通过员工培训，实现以下目的：

1）提高普通员工的科学文化素质和创新观念；

2）通过爱厂敬业教育，提高员工的主人翁意识和企业凝聚力；

3）通过建立畅通的信息渠道，提高企业员工参与技术创新的积极性和主动性，建立良好的企业文化，营造浓厚的技术创新气氛，为企业技术创新活动的顺利开展提供良好的人文环境。

4.2.2 技术创新管理的重要性

技术创新的重要性和复杂性使得加强技术创新管理不仅非常必要，而且具有极其重要的意义。

1. 技术创新已经成为影响企业竞争能力的核心要素

当今世界全球化进程不断加快，技术发展日新月异，以信息技术、生物技术和新材料技术等为代表的新技术革命正在发生，技术创新的速度和技术传播的速度大大加快，这使得企业产品生产和服务提供过程中的知识和技术含量越来越高。企业要获得竞争优势，越来越依赖技术的作用，企业之间的竞争逐渐成为以技术创新能力为核心的创新能力的竞争，技术创新能力已经成为影响企业竞争能力的核心要素。

2. 技术创新已经成为带动新兴产业形成和发展、促进传统产业升级的主导力量

信息技术等高新技术的快速发展和广泛应用带动了包括计算机在内的信息设备制造业、软件业和信息服务业等一大批新兴产业的形成和发展。同时，技术创新还能极大地促进传统产业的改造和升级。

3. 技术创新已经成为加速经济和社会发展的核心动力

据统计，1971年以来虽然全世界的总人口在快速增加，但是即使在剔除物价上涨的影响后，人均GDP仍然一直在稳步上升。经济学家对经济增长进行大量研究后发现，过去的经济增长不能完全通过劳动力和资本的投入来解释，劳动力和资本投入不能解释的那一部分剩余经济增长是技术创新的结果。这个解释开始并没有被广泛接受，许多研究人员认为这一剩余经济增长来源于测算的误差、不确定的物价上涨和劳动者素质的提高等。

但是一系列的研究发现，每一个因素的变化都不能有效地抵消剩余经济增长。经济学界最终在这个问题上取得了一致，认为剩余经济增长是技术创新的结果，技术创新已经成为推动经济发展的核心动力。

技术创新不仅对促进经济发展发挥了巨大的作用，而且促进了各项社会事业的发展，影响表现在以下几方面：

1）大量的产品和服务延伸到全球的每一个角落，食品和其他生活必需品的生产更加有效率；

2）医疗卫生服务水平极大地提高，人们的健康状况极大地改善，人均寿命显著延长；

3）人们能非常方便地在全球范围内旅行和相互交流，等等。

本章要点回顾

本章主要讲述了技术创新与技术创新管理的相关内容，包括技术创新概念、特点、与其他相关概念的辨析及技术创新的过程，技术创新管理概念、体系和重要意义。

技术创新的类型首先从三个不同角度分为三个大类：创新程度、创新对象、技术变动方式，每个不同的分类角度之下再进行具体分类。技术创新的过程需要技术推动模型、需求拉动模型和交互模型。

技术创新管理的重要性及其复杂程度决定了它的必要性，它们之间是相互影响的，应熟悉重要性，从而真正理解本章的意义。

> **习题**

1. 名词解释

(1) 技术创新;(2) 技术创新管理;(3) 需求拉动模型。

2. 简答题

(1) 简述加强技术创新管理的原因。

(2) 简述技术创新过程中交互模型的原理。

(3) 简述技术创新管理体系的运行过程。

3. 论述题

技术创新与科学研究、技术发明、产品创新之间有什么区别和联系?

4. 综合应用题

结合实例,说明技术创新及其管理的意义。

> **课后拓展**

查阅相关资料,根据实例具体分析技术创新的内涵。

第 5 章

产品设计与创新

内容提要

产品设计是一个创造性的综合信息处理过程，通过多种元素（如线条、符号、数字、色彩等）的组合把产品的形状以平面或立体的形式展现出来。产品创新则是充分发挥设计者的创造力，利用现有的成果进行创新构思，为现有的市场带入全新的观念，设计出具有科学性、创造性、新颖性以及实用成果性的实践活动。本章主要介绍新产品的开发流程、设计创意、产品概念及产品评估的相关知识。

学习目标

①熟悉新产品开发流程分析过程；
②理解设计创意产生的方法；
③了解构建产品的相关概念；
④掌握从技术、商业与客户需求进行产品评估的方法。

5.1 新产品开发概述

1. 新产品的概念

新产品是指在某个市场上首次出现的或者企业首次向市场提供的能满足某种消费需求的整体产品，可分为全新产品、换代新产品、改进新产品和仿制新产品。

1) 全新产品：应用科技新成果，运用新原理、新技术、新工艺、新材料制成的市场上从未有过的产品。

2) 换代新产品：在原有产品的基础上，部分采用新技术、新材料、新结构制造出来的性能上有显著提高改善的产品。换代产品在性能上有了重大突破。

3）改进新产品：在原有产品的基础上，对成分、特点、功能、包装、款式、质量等适当改进和变化的产品。市场上的新产品大部分是这种产品。

4）仿制新产品（新品牌产品）：企业模仿市场上已有的产品，在造型、式样、外观等方面稍作改变，使用新品牌后，提供给市场的产品。

2. 新产品开发的背景

不断开发新产品是现代企业生存和发展的关键，随着科学技术的迅速发展、人民生活水平的提高，产品的市场生命周期越来越短，企业只有不断开发新产品，适应消费者不断变化的需要，才能在市场竞争中立于不败之地。

3. 新产品开发的流程

新产品开发主要包括以下八个步骤。

1）构思：对满足某种新需求的设想，主要来源于消费者的意见、营销人员的观察、技术人员的研究、竞争者产品的分析，以及中间商、供应者提供的信息等。

2）筛选：及早发现并筛除不可行或可行性不高的设想，选出符合企业发展目标和长远利益，并与企业资源匹配的设想。

3）产品概念的发展和测试：把构思发展成完整的产品概念，即用文字或图形、模型作出描绘，使之在顾客心目中形成潜在的产品形象。一个产品构思能转化为若干个产品概念，是已成形的产品构思。

4）初拟营销计划：对已确认的新产品概念拟订粗略的市场营销策略，为日后投放产品做准备。

5）经营分析：分析该产品的销售量、成本与利润的估计情况，以了解其是否符合企业的目标。

6）新产品研制：试制实体产品。

7）市场试销：用一定的品牌、包装及初步的营销方案，投入小批量生产并上市试销。

8）投放市场：正式向市场推出试销成功的新产品。

5.2 产品设计

5.2.1 设计创意的产生

创意阶段的基本目标之一是产生尽可能多的设计想法，通常该阶段应当提供数十个可供选择的设计方案。创意产生的流程如图 5-1 所示。

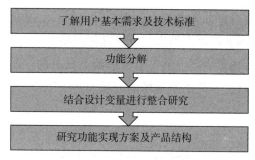

图 5-1 创意产生的流程

1）从消费者需求入手，以最基本的需求为首要考虑因素，在最终产生的设计创意中必须满足这些需求。同时，在创意过程中应以此为贯穿设计的主线，在这个基础上综合考虑各种次要需求，并深入研究产品功能实现的方式。

2）在确定了以消费者需求为核心的设计指导方针之后，设计项目被划分成一个个易于理解和解决的子系统。这些子系统可以归纳为三种类型：功能模型、产品结构和产品整体规划。无论在哪一种类型中，设计师应重点考虑的问题是产品具备什么样的功能，而如何实现这些功能则是下一步的问题。

3）以形式体现功能。对于产品结构的分析可以确定各种可供选择的产品结构布局方案及人机界面形式，而产品整体及各组成部分的协调问题是产品整体规划部分所要考虑的内容。采取上述方式，设计师能够提出大量的产品功能构想，并逐一设想不同的解决方案，再根据产品结构分析及产品整体规划对解决方案进行可行性分析。

4）将可行的解决方案整合在一起，形成完整的产品设计构想。根据整合内容的不同，设计师可以得到不同的产品设计构想，我们称之为可选择构想。随着创造性与设计灵感的闪现，可在众多的功能解决方案之中进行选取、整合，并不断添加新的构思。经过整合阶段，大量的可选择构想得以确定。同时，应当为这些可选择构想准备详细的说明材料，不仅要有设计草图，还要有细化方案，用以进行技术可行性的论证。

有效的创意方法能够帮助设计师产生并整合设计构想。

5.2.2 产生设计创意的方法

设计创意的产生是产品开发过程中的重要组成部分，由此阶段设计师可以获得许多可供选择的方案，不同的方案会导致不同的设计结果，因而方案的创造性、产品结构规划与功能满足程度是设计师着重考虑的内容。当设计师面对大量已经形成的产品构想时，可以采用归纳、汇聚的思考方法获得唯一的解决方案，最终决定推向市场的产品形态。

产生设计创意的方法可以分为直觉式与逻辑式两种类型。

1. 直觉式创意方法

直觉式创意方法建立于个人或群体概念产生的基础之上，采用跳跃式的思考方法，目标在于从思维上突破常规限制条件，重新构建产品各要素之间的关系。正是由于突破了常规的限制和障碍，由此得到的产品构想具有强烈的创造性和新颖性。这类方法的典型代表是"头脑风暴"法和形态分析法。

2. 逻辑式创意方法

逻辑式创意方法通过系统的、逻辑推理的过程逐步探索产品的解决方案,强调在总体指导思想的指引下将技术资料分析与专家意见相结合,解决产品技术方面的问题。逻辑式创意方法认为,虽然在设计的初始阶段技术解决方案并未明确显现,但通过一系列特定而又具有延续性的途径必然能够得到最优化的解决方案。在运用此类方法时,设计开发人员需要对技术与科技资料进行细致周密的分析、选取与拓展工作。

5.2.3 资料收集

资料收集对于产生创意的思维活动至关重要,它决定了整个创意过程的走向与成败,因而我们将其归入创意方法的范畴。

资料收集是指信息动态搜寻、探求过程,这项工作为所开发产品的技术、设计指导思想及造型设计方面都会带来很大益处。各种相似开发案例中能够有效解决产品功能问题的设计构想,是设计人员主要收集的信息内容。同时,各种关于生产制造、分析评估的相关信息也是收集的对象。

在创意阶段,设计师应凭借自己的直觉和创造力进行产品创意的设想,并尽量避免受已有的构想的影响,或沉迷于具体的功能解决方案,否则将导致构思无法深入。同时,设计师应善于学习、借鉴和利用前人的成果,才能有所进步。

创意的过程是一个综合的过程,它将各个孤立的因素整合在一起,提出全新的、独特的解决方案,作为设计师,应当学会资料的收集。资料来源如图5-2所示。

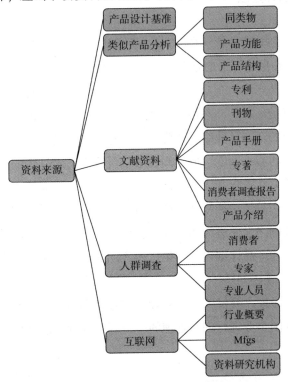

图5-2 激发创意的资料来源

文献资料最主要、最直接的资料来源，它包括专利、专业论文或专业期刊、产品手册、专著、消费者调查报告及各种类型的产品介绍等。其中专利资料的收集主要用于了解目前技术领域中的最新动态，对类似功能的实现也有较大的启发作用，是工作的重点之一。

除了文献资料以外，设计师还可以通过类似产品分析、互联网、产品设计基准和人群调查等途径获得相关的资料。类似产品是指在功能或结构上具有相似特征的一系列产品，通常不要求与要设计的产品属于同一领域之内。例如，在设计磨咖啡豆的设备时，需要在碾磨过程中减小发出的噪声，可以找到一系列的类似产品，如发动机、吸尘器、汽车与飞行器、食物搅拌器等具有减小噪声的设计要求的产品，通过对这些类似产品功能实现的分析，将相似的解决思路应用于咖啡豆碾磨机产品之中。类似产品分析的范围可以延伸到自然界的领域当中，这些资料的来源为设计师提供了广阔的思维空间，对于设计创意的产生起到了很大的帮助作用。

对一个设计开发组而言，设计创意的新颖程度和思维的跨度在很大程度上取决于资料收集及分析应用的情况。资料收集是一种知识的积累，知识积累越丰富，产生好创意的概率就越大。因而，设计师必须充分认识资料收集的重要性，并将大部分精力投入到这项工作当中。只有这样，好的创意与灵感才能不断在我们脑海中闪现，避免所谓的"创意枯竭综合征"，迈出走向成功设计的第一步。

5.3 构建产品概念

4C 的时代是代表了以消费者（Customer）、成本（Cost）、便利（Convenience）、沟通（Communication）为核心影响因素的企业生存的时代背景。当前，顾客成为市场重心，而其个性化需求具有很强的动态性，企业要争夺有限的资源和顾客，还要应对竞争对手、形式与策略的变化，并应对市场环境的动态性，企业如何通过构建有效的产品概念，提高企业的产品创新能力，保证优异的新产品业绩，成为企业生存和发展的关键。

产品概念对产品的功能、性能、成本和顾客接受程度有着巨大的影响，因为它一端联系着顾客对未来新产品的潜在需求和需求偏好，另一端联系着概念定义，即将顾客的潜在需求和需求偏好转化成目标产品的功能特性，产品概念的后续详细设计到生产、销售的全过程都是在构建产品概念的基础之上而进行的。因此，构建产品概念是否能准确地把握未来市场和顾客需求直接关系着后续产品详细设计和生产销售的成败，是影响未来产品竞争力、企业竞争力的重要环节。

目前我国的构建产品概念开发的流程管理存在着诸多问题，如流程不规范、评估体系不健全等，这已经成为我国企业进行创新管理的一个制约因素，因此构建产品概念也是我国企业发展的现实需要。

5.3.1 产品概念

1. 产品概念的定义

产品概念外在表现为一份新产品项目计划书或一个产品展示模型，内在体现为企业与研究群体以及消费群体的互动关系，是沟通技术与市场的桥梁。但它不是技术和市场之间的简单联系，也不是工程师和市场人员之间简单妥协的产物，它来源于从市场和技术两个角度观察产品变化的深邃洞察力，是市场和技术引导产品创新的原始驱动力。

2. 产品概念的来源

1）产品概念是对市场和消费者需求深刻理解的结果，体现于产品的表现和消费者期望的一致性。当顾客需求并不清晰时，即仅仅存在潜在的顾客需求时，普通的市场研究手段并不能够帮助产品开发人员得到第一手的潜在顾客情况，只有依靠对顾客需求的深刻理解进行大胆的假设，才可能创造出真正的顾客需求。

2）产品概念是追随产业技术发展潮流的结果，体现在产品的功能与产品技术及结构的一致性。技术的不断进步激发了人们无限的想象力，支持更多更具有前瞻性的产品概念的形成，使它们具有技术上的可行性而得到进一步的开发，不至于被扼杀于摇篮之中。

3）产品概念不仅是指产品内部所包含的技术组合，也不仅是产品的性能在多大程度上满足了消费者的期望，而应该是这两方面相互作用和融合的结果。在产品开发的初始阶段，它不但受技术潮流或市场需求的驱动，而且是技术和市场需求的有机融合，通常是综合了市场预期和技术预期的结果，然后被整合成一个综合的概念。同时具备外部完整性和内部完整性的产品概念才能算是一个真正完整的产品概念。

3. 产品概念的作用

以产品概念为出发点和原动力来驱动产品创新过程，使新产品概念开发成为企业产品创新的关键。在概念驱动的产品开发过程中，开发团队采用从产品概念出发的产品创新策略，强调产品概念的开发和创新，以产品概念为整个产品开发的核心，使之成为新产品开发项目管理的基础。

产品概念驱动着企业进行市场创新。面对着日益激烈的市场竞争和不明确的顾客需求，企业已经无法继续采用直接把顾客需求转化为新产品特性的传统产品开发方法，而要"创造"新的市场需求，使自己的创新型产品能够被市场接受。"创造"出来的产品概念集中体现顾客的"潜在需求"信息，使企业得以对一个将要出现的市场制订新的营销策略，开发新的市场。产品概念驱动着企业进行技术创新，其中暗含对产品性能的期望，因此必须要转化为技术上的要求。如果产品概念中的某一方面难以用企业现有技术实现，那么技术上的突破就势在必行。同时，这种来源于顾客需求的技术创新也是企业进行市场竞争的内在需要。企业利用产品概念来定位相对于竞争者的技术优势，给竞争对手的模仿制造壁垒，使之无法轻松地复制自己的创新成果。

5.3.2 构建产品概念的流程

构建产品概念有五个基本环节,即顾客需要识别、产品规格建立、概念生成、概念选择和概念具体化。

1. 顾客需要识别

识别顾客需要的目标是理解顾客的需求并有效地将它们传达给开发团队,其结果是一套仔细构建起来的顾客需求陈述。开发团队将直接与潜在用户相互沟通,并经历产品的使用环境,从而增进开发团队对用户环境和用户观点的理解,找到解决顾客需要的创新方法,做出正确的产品开发决策。

(1) 信息源的选择

顾客信息源的选择被认为是顾客需要识别的一个关键性步骤的调查发现,顾客访谈、顾客调查和顾客投诉信息是企业常用的了解顾客需要的方式。研究表明最重要的信息来自领先用户。

(2) 市场研究技术

使用的市场研究技术也是一个重要方面。集体讨论在企业中得到了广泛的应用,深度访谈通常比群体讨论的成本低,而需要量与集体讨论相等,并且深度访谈能使开发团队经历产品的使用环境,因此深度访谈可以作为数据收集方法的首选。

2. 建立产品规格

产品规格是指产品功能的精确描述,综合反映企业和用户的设计要求,规定最终产品的技术特性。建立产品规格是将设计要求转化为技术特性的一系列工作,主要基于广泛使用的质量功能拓展(QFD)方法或类似的技术。QFD 提供了有效可行的"质量屋"(HOQ)技术,使建立于顾客要求一致的产品规格成为可能。

最终的产品规格不仅要反映顾客的需要,还必须反映企业自身的需要及资源约束,因此产品规格往往需要在概念开发过程中反复修改,在顾客需要和企业需要之间做出权衡。

(1) 从顾客需要到技术特性

传统的 QFD 方法关注顾客的需要,通过分析顾客要求的重要程度以及顾客要求与相应技术特性的关联程度,来确定技术特性的具体数值和重要程度,并依靠开发团队的主观判断,这常常会导致明显的分析误差,忽视顾客需要实际上的模糊性。考虑到产品规格建立是一个多标准决策问题,通常采用层次分析(AHP)法和模糊集(Fuzz Set)法解决上述两个问题。AHP 法通过对比的方法来确定相对重要性,从而得到更精确的分析结果。最初,AHP 在 HOQ 中仅用于确定顾客需要的相对重要性,通过比较技术特性与某一顾客需要的关联度,来确定技术特性与相应顾客需要之间的相对关联度,从而计算出每个技术特性的重要程度。整合了 AHP 的 QFD 方法能提供对顾客需要更简捷、更精确的分析,但也需要更多的时间和资金支持。顾客需要通常是用户主观上的模糊表述,因此模糊集方法常用来对 HOQ 进行分析。

(2) 公司需要的考虑

传统的 QFD 仅仅关注最终用户的需要，而没有考虑公司内部的需要，如制造、财务、供应等部门。事实上，对新产品绩效来说，公司需要（如上市时间、成本、技术开发难度、可制造性等）和顾客满意度同等重要。

3. 概念生成

概念生成又称创意，是指在概念开发过程中产生新想法或解决方案的活动。在概念生成活动中，人们最关心的是新想法的创新性，因而发明或提炼了众多的提高创新性的技术，并在实践中广泛应用，以产生更多的创新产品概念。

4. 概念选择

概念选择又称概念评价，是指根据顾客、企业或价值链上其他相关方的标准来评价和比较产品概念，然后选择一个或几个产品概念进一步开发的活动。概念选择通常被认为是一个模糊、耦合、不确定的多目标决策问题。

概念选择过程是基于组队的决策过程。一般来说，概念选择是产品开发过程中一个非常重要的阶段。如果提出没有明确方案的概念，组队成员可能会有不同的见解，因不正确的决定将会浪费大量的时间和财力。

概念选择过程是应对不确定性的一种办法。这个选择过程设计为在室外的全天活动，设计组对各种可选的概念进行评估，并对采用哪个最有效的概念达成一致。此活动明确聚焦于对组员之间不同见解的综合，通用定义的形成，以及对由不同见解产生的考虑选项的扩展。如同前边所述，进行该活动之后，设计组会达成关于要采用哪个概念的一致意见，组内的每位成员都会明白为什么要转换思想认同集体决定的一致意见，并最终支持各自角色的转换。如果不能达成一致意见，组队将会深入理解在见解上还存在的分歧，并通过决议，确定该做何种进一步的分析以解决这个问题。这种情况下，概念选择将在此次分析的结果中完全确定。

概念选择过程应该在一个房间中完成，此房间至少应有三面墙可供题写，再加上必要的纸张等，或者有投影仪可用。其中第一面墙用来定义标准并显示可供选用的概念；第二面墙为工作墙，用于组员之间的交流；第三面墙用来做笔记，包括被否决的信息。

概念选择是一个迭代过程，共有五个步骤：

1) 达成对所用标准的一致意见；

2) 达成对所用概念的一致意见；

3) 对可选概念进行排序；

4) 对可选概念进行评估；

5) 对否定意见进行讨论。

执行后面的步骤时，根据需要可能要重新执行前面的步骤，以便做出更好的选择。概念选择的步骤需要在若干个序列中不断重复。

5. 概念具体化

概念具体化是把产品的概念和体系转换成现实的系统的过程，这些系统必须能满足顾客的需求，适应各种环境的要求，并把发生故障的可能性降到最小。概念具体化可能是产品开发过程中与工程人员关系最为密切的工作，在这个过程中，工程人员（产品功能团队）要进行许多活动。概念具体化的目的是把粗略的设计概念转化成细化的几何图形及材料的选择，着重于产品的功能特性，包括所有相关的设计规范。

5.4 产品评估

产品评估就是对新产品进行可靠性评估，以确保产品满足设计要求、环境要求、可靠性要求和客户使用要求。在产品评估中更好地考虑客户愿望能够拉动产品向好的方向发展并达到事半功倍的效果。

5.4.1 客户群体

客户是指新设计的产品具有大量的潜在购买者，客户群体是一组想要购买新产品的人的集合，通常客户群体是不同的。不同的客户使用产品，有不同的使用目的，在不同的环境里使用产品，通常又有不同的期望。各公司的产品战略正是利用这种差异性，提供给市场一种独特的产品，令客户满意；或者开发常规化的产品，或者提供给客户一组不同产品，每种产品供应都可以满足一款封闭的特定范围的市场。为实现战略决策，必须在评价产品供应的条件下理解客户群体的标准。

对于许多在全球化市场上运作的企业，设计必须考虑到客户来自不同的国家，气候、经济条件和地理的影响通常是巨大的。同样有影响的还有社会科学方面的分类，如收入、修养、道德情况及年龄等的特性化。对于我们来说，关键是能够有各个细分市场区域中基于客户需求的详细描述，而细分市场要有新产品。

然而，设计人员还应考虑一种分类，即通过领先和滞后原则将客户群体特性化。其原理是，随着产品的技术快速发展，总是有一部分人处在产品使用的领先地带，这些人使用产品的方法几年后才会普及。这些领先的人群对于设计团队识别和进行交流是十分重要的。

5.4.2 客户需求

1. 客户需求的类型

客户需求分类基于客户表达其需求的难易程度和需求改变的快慢程度，主要有直接需求、潜在需求、常规需求、可变需求、普遍需求和特定需求。

1) 直接需求。客户能毫不犹豫地阐述的自己所关切的产品性能。

2) 潜在需求。这些需求通常不能通过客户在无实验情况下直接得到，并且不存在直接表达。潜在需求作为客户需求能被更好地特性化，不是针对一个产品，而是针对产品运行的一个系统。其他的某些产品、服务或商业行为通常能够直接满足需求。然而，这些需求也可能是通过开发的产品和能够提供具有竞争力的优势来实现的。

3）常规需求：这些需求是产品本质具有的和经常性的。当使用产品时，这些需求就已经存在了。对于这种需求的分析检验是有效的，因为其产生的成本可以按时间来分摊。例如考虑照相机，曝光数通常是客户的需求，是否能够完成和实现曝光数可以通过胶片记录检验，数字摄像通过数字存储的记录来检验。

4）可变需求：这些需求不必是常规的，如果更进一步的技术发生变化，这些需求很可能没有了。例如，数字图像取代了客户对胶片长期存储的需求。这些需求很难通过与客户的讨论来了解，因为客户可能并不明白这种需求。

5）普遍需求：这些需求适用于客户中的每个人，例如在美洲销售的汽车都有向乘客车厢供暖的需求。

6）特定需求：在整个购买群体中，这部分需求只适用于一小部分市场区间，例如并不是每一辆汽车都需要在乘客车厢内提供冷气和空调装置，一些特定的客户还会提出对电力汽车的需求。

不同需求之间空间界限的改变程度完全取决于技术情况和技术改变程度。

2. 客户需求模型

客户需求可以简单地罗列为表格形式，通过与客户会面不断过滤筛选，权衡重要性，作为统计分布询问每个独立需求的重要性。

在较为高级的水平上，将客户需求列为需求列表，每项需求与可能目标价值结合，其任何价值都是由设计团队实现的。市场中的每个人对需求列表都有一组理想的目标价值，因而各不相同，从可能性空间可以得到可能性较集中的区域。同时也可考虑竞争对手的设计或产品在此区域的定位，按照相应规则跟进。许多新兴公司采用这种方法，实践当前市场决策和产品开发模型。

由于开发的目的，客户需求列表中通常有几十项客户需求。这种指导性原则对于一些研究确实是正确的，例如了解市场定位、销售或初期的概念。另一方面，对于包含细节的问题，设计团队常常愿意了解客户对于不同选择的偏好。对于这些富含细节、衍生概念的问题，客户需求通常是必要的。

3. 技术与客户需求

对于一支研发队伍来说，决定是否引进一项新技术的过程涉及许多重要的商业问题。例如，当开发公司对于决定采用的新技术毫无经验或该项技术上不存在时，高级管理阶层必须决定是交由公司内部研发部门，还是通过并购已经开始这项工作的公司与其合作来进行，抑或通过与其他公司达成协议合作开发，或者开发具备预先竞争力的"开发式系统"。无论如何决策，随后应采用什么技术，预计这项产业新技术的发展前途是怎样的，对市场意味着什么，对于新技术开发趋势的决策和洞察力可以成就一家公司，也可以毁掉一家公司，这个决策不容易做出。

企业可以根据产业所处的阶段来制订技术开发战略，决定开发新技术还是改进现有技术。

当企业处于技术成为驱动力的时期，应投资于探索新技术，将投资中的合理比例直接投到具有较高风险的更先进技术的研发中。但是在改进过程中，公司应实施两步：第一步，切实了解顾客怎样使用产品，并将开发活动的重点放在如何使用上，每一步开发活动都应以大量的商业案例分析为前提；第二步，公司应降低成本以保持竞争力。如果说产品的定位是否很好地满足了消费者需求这一点很关键，则成为低成本的竞争者同样重要。

当产品处于迅速变化时期，说明市场正处于典型的通过迅速创新进行淘汰的时期。在这个阶段，竞争者们开发并推出大量新版本的产品以提供更多选择，有些可能会成功，有些则会失败。这时公司应特别注意消费者潜在的需求，并确保缩短开发周期以满足这些需求，保证市场上始终至少有一款属于公司的成功产品。控制成本尽管一直很重要，但这个阶段不应过分强调。

然而，高风险也可能带来高回报。早期形成阶段产品的公司有机会取代向市场提供较旧技术产品的公司，成为新兴市场上占据支配地位的供应商。在这个阶段，公司不应完全听从消费者的意见，这听起来似乎有悖常理，不过却是真的。因为消费者通常习惯于旧的技术产品，所以事实上他们所能提供的信息也是与旧的技术产品相关，例如调查消费者对于软盘的需求信息与DVD技术是否会适合消费者的需求关系不大。有些需求可能有用，如便于携带，但其他标准则基本没有意义，例如金属挡板是否有足够的弹力保持媒体相互绝缘。此外更重要的是，在使用旧的技术产品时，消费者无须考虑因使用新产品而引发的一些新标准，如热交换能力。

4. 商业与客户需求

在决定设计开发中的研发主题时，了解市场使项目研发更加理性和审慎，有助于完善和提高产品质量。在任何产品的设计过程中，都应通过商业案例分析来细化市场，进一步地了解客户需求。把产品系列或者某一类产品过去的财务信息通过成本数据来预估产品可能的投资回报率，这些数据必须建立在了解市场的基础上，包括对其消费者系统的依赖。

在进行商业案例对客户需求进行收集时，可以使用不同的技术和方法创建客户需求列表，包括直接使用产品、轮询、中心小组讨论和会面交流。

其中最简单的方法是当客户使用产品时进行交谈，了解产品是否好用。在交谈过程中，设计人员在现场询问是否喜欢产品的某些特性，可以询问许多细节问题，以揭示产品的不同侧面，并编写合理的客户需求列表。重要的是交谈时要参与产品使用的全过程。

数据收集可以采用表格的形式，基础信息同项目和访谈的主题有关。然后对其进行整理，形成商业计划书，以供借鉴。

本章要点回顾

本章主要讲述了产品设计与创新的相关内容,包括新产品开发流程分析、设计创意的产生、构建产品概念以及产品评估。

新产品开发流程包括构思筛选、产品概念的发展和测试、初拟营销计划、经营分析、投放市场和市场试销六个步骤。

设计创意的产生包括了解用户基本需求及技术标准、功能分解、研究功能实现方案及产品结构、结合设计变量进行整合研究四个步骤。其中好的创意可以采用资料收集的方法来获得。

构建产品概念有五个基本环节,即顾客需要识别、产品规格建立、概念生成、概念选择及概念具体化。

产品评估从技术与商业两方面对产品的客户需求进行评估,从而生产出成功的产品。

总之,产品的设计与创新是一个企业能否成功的核心竞争力。如果把产品设计与创新作为一个关键的战场,产品设计师就是实施作战的前线部队。产品设计是一个完整的活动体系,其中充满了风险和机遇,要求设计人员在技术、市场、实际等多个方面做出准确的判断。

习题

1. 名词解释

(1)新产品;(2)产品概念;(3)产品评估;(4)客户需求。

2. 简答题

(1)简述新产品开发的流程。

(2)简述设计创意的产生方法。

(3)简述如何构建产品概念。

3. 论述题

(1)论述客户需求的类型及特点。

(2)论述构建产品概念的作用。

4. 综合应用题

结合实例,说明产品设计与创新的方法。

课后拓展

本章介绍了产品设计与创新的相关方法。由于篇幅有限,本文只介绍了部分方法,其实,还有很多产品设计与创意的方法。那么,你能否分享一下你对产品设计与创新的看法?

第6章

创业素质

内容提要

创业者的成功绝非偶然,他们本身所具备的素质和能力,使得他们在机会来临时有敏锐的发现能力,在面对风险时能够冷静、灵活、坚毅,有抗压能力和开拓创新精神。那究竟什么样的人适合创业?他们具有什么样的性格、能力与价值观?如何对自己是否具有创业特质进行判断和评估,是本章将要阐述的问题。所有测评的结果仅仅是参考,不是绝对的,某个人是否能够成为创业者,是环境、生活经历和个人选择的结果,没有人天生就是创业者。

学习目标

① 了解创业者具备的素质和能力;
② 了解职业性格测评的方法和工具;
③ 了解职业价值观的评估方法;
④ 能对自己是否具有创业特质进行初步评估。

6.1 创业者概述

1. 创业者的概念

法国经济学家理查德·坎蒂隆(Richard Cantillon)首次提出创业者一词,并将其定义为"敢于冒险开创一项新事业并勇于承担责任的人";法国经济学家萨伊(J. B. Say)明确给出了创业者的定义,他将创业者描述为将经济资源从生产率较低的区域转移到生产率较高的区域的人,并认为创业者是经济活动过程中的代理人。富兰克·奈特(Frank Hyneman Knight)赋予了创业者不确定性决策者的身份,认为创业者要承担由创业的不确定性所带来的风险。此后,创业者的内涵随着经济的发展而不断丰富和完善。目前理论界大多倾向于这种观点:创业者是发现和利用机会,负责创造新价值过程的个体。

2. 创业者的类型

按照不同的分类标准，可以将创业者分为不同的类型。从创业者的创业意图角度，我们可以将创业者分为以下三种类型：

（1）生存型创业者

生存型创业者是指为生活所迫，不得不开展创业行为的人群，如失业职工、失地农民、城市其他失业人员及刚刚毕业找不到工作的大学生等。这是数量最大的创业人群。

（2）变现型创业者

一般就是聚拢过大量资源的经理人。他们在机会适当的时候，开公司办企业，实际是将过去的市场资源关系变现，将无形资源转化为有形的资产。

（3）主动型创业者

这种类型的创业者又可分为两种：一种是盲动型，一种是冷静型。盲动型创业者很容易失败，但一旦成功，往往能成就一番大事业。冷静型创业者的特点是谋定而后动，不打无准备之仗，他们掌握了独特的资源，或是拥有专门的技术，一旦创业，成功率通常很高。

3. 创业者的性格

"性格"一词来源于希腊语，意为雕刻或戳记的痕迹，它强调个人的典型行为表现和由外部条件决定的行为。我国的心理学界把性格定义为：一个人经由生活经历所积累的稳定性习惯倾向。了解自己的性格特点是进行职业生涯规划和创业选择的重要环节。

（1）性格探索的工具

MBTI（Myers-Briggs Type Indicator）理论来源于著名心理学家荣格（Jung）有关知觉、判断和人格态度的观点，由美国的布里格斯（Katherine Cook Briggs）和她的女儿伊莎贝尔·布里格斯·迈尔斯（Isabel Briggs Myers）研究发展成为心理测评工具，MBTI有许多研究数据的支撑，并经证明可信度和有效性都比较高，因此被广泛运用。

（2）MBTI有能量倾向、接受信息、处理信息和行为方式四个维度

MBTI用四个维度偏好二分法来评估一个人的类型偏好，每个维度偏好二分法均有两极组成。

①能量倾向维度：更喜欢将自己的注意力集中于何处？从何处获得活力？（见表6-1）

表6-1 能量倾向维度偏好二分法

外向型（E）	内向型（I）
注意力和能量主要指向外部世界的人和事，从与人交往和行动中得到活力	注意力和能量集中于自己的内心世界，从对思想、回忆和情感的反思中得到活力
与他人在一起时感到振奋	独自一个人感到振奋
希望成为注意的焦点	避免成为注意的焦点
先行动，再思考	先思考，再行动
喜欢边想边说出声	在脑中思考
易于被了解；愿与人共享个人信息	注意隐私；只与少数人共享个人信息

续表

外向型（E）	内向型（I）
说得比听得多	听得比说得多
热情地交流	不把热情表露出来
反应迅速；喜欢快节奏	思考之后再反应；喜欢慢节奏
较之精深更喜欢广博	较之广博更喜欢精深

②接受信息维度：如何获取信息？（见表6-2）

表6-2 接受信息维度偏好二分法

感觉型（S）	直觉型（N）
通过感观来获取信息，喜欢收集已出现的信息，对于周围所发生的事件观察入微，特别关注现实	通过想象、无意识等超越感觉的方式来获取信息，喜欢看整个事件的全貌，关注事实之间的关联。想要抓住事件的模式，特别善于看到新的可能性
相信确定而有形的事物	相信灵感和推理
喜欢具有实际意义的新主意	喜欢出于自己的意愿的新主意和新概念
崇尚现实主义与常识	崇尚想象力和新事物
喜欢运用和琢磨已有的技能	喜欢学习新技能，但掌握之后容易厌倦
留心特殊的和具体的事物，喜欢给出细节	留心普遍和有象征性的事物，使用隐喻和类比
循序渐进地给出信息	跳跃式地以一种绕圈的方式给出信息
着眼于现在	着眼于将来

③处理信息维度：如何做决定的？（见表6-3）

表6-3 处理信息维度偏好二分法

思考型（T）	情感型（F）
通过分析某一行动或选择的逻辑后果来做决定，会将自己在情景中分离出来，对自己的正反两方面进行客观分析； 从分析和确认事件中获得活力； 目标是找到能够应用于所有相似情景的标准或原则	喜欢考虑对自己和他人来说什么是最重要的，会在头脑中将自己放在情境所牵涉的所有人的位置上并试图理解别人的感受，然后在此基础上根据自己的价值判断做出决定； 从对他人表示赞赏和支持中获得活力； 目标是创造和谐的氛围，把每一个人都当作一个独特的个体来对待
后退一步，客观地分析问题	向前看，关心行动给他人带来的影响
崇尚逻辑、公正和公平；有统一的标准	注重感情与和睦；看到规律的例外性
自然地发现缺点，有吹毛求疵的倾向	自然地想让别人快乐，易于理解别人
可能被视为无情、麻木、漠不关心	可能被视为感情化、无逻辑、脆弱

续表

思考型（T）	情感型（F）
认为诚实比机敏更重要	认为诚实与机敏同样重要
认为只有合乎逻辑的感情才是正确的	认为所有的感情都是正确的，无论有意义与否
受获得成就欲望的驱使	受被人理解的驱使

④行动方式维度：如何与外部世界打交道？（见表6-4）

表6-4 行为方式维度偏好二分法

判断型（J）	知觉型（P）
喜欢将事情管理得井井有条，过一种有计划的、井然有序的生活，喜欢做出决定，完成后继续下面的工作；生活通常会比较有规划、有秩序，喜欢把事情敲定下来，按照计划和日程安排事情对他们来说很重要，从完成任务中获得能量	喜欢以一种灵活、自发的方式生活，更愿意去体验和理解生活而不是去控制它；详细的计划或决定会使他们感到被束缚；愿意对新的信息和选择保持开放，直到最后一分钟；足智多谋，善于调节自己适应当前场合的需求，并从中获得能量
做完决定后感到快乐	因保留选择的余地而快乐
具有"工作原则"：先工作再玩（有时间的话）	具有"玩的原则"：先玩再工作（有时间的话）
确立目标并按时完成任务	当有新的情况时便改变目标
想知道自己的处境	喜欢适应新环境
注重结果	注重过程
通过完成任务获得满足	通过着手新事物而获得满足
把时间看成有限的资源，认真对待时间期限	把时间看成无限的资源，认为时间期限是灵活的

(3) MBTI 四个维度的说明

在 MBTI 测评结果中，一个人在每个维度上只能是一种偏好，如果一个人是内向型的就不能是外向型的，是知觉型就不会是判断型。但这并不意味着一个内向的人没有外向的特征，只是表明，在绝大多数情况下其自然反应是内向的，但是也有外向的时候，在特别的情境下，甚至可能主要表现为外向。所以，不要绝对地看待测评的结果。

(4) MBTI 与创业者型

在以上所述的四个维度下，根据每个人的不同性格表现，会产生 16 种不同的组合，这16 种组合分别对应着不同的职业倾向。按照 MBTI 的解释，在 16 种组合中，只有 ESTP 是创业者型，即外向型能量倾向、感觉型信息接受方式、思考型处理问题方式及知觉型行动方式。这类性格的人往往具有以下特点：

①灵活、忍耐力强、实际、注重结果；
②认为理论和抽象的解释非常无趣；
③喜欢积极采取行动解决问题；
④注重当前，自然不做作；

⑤享受和他人在一起的时刻；
⑥喜欢物质享受和时尚；
⑦学习新事物最有效的方式是通过亲身感受和练习。

6.2 创业者素质

6.2.1 创业者素质的概念

创业者想要取得成功，不仅需要良好的外部条件，如国家政策、市场环境、行业环境、良好的团队等，内部条件也是极其重要的，内部条件是创业者个人必须具备的促使创业成功的素质，这种素质是一种综合素质。

目前关于创业者素质的定义有以下三种具有代表性的观点：

1）创业素质是指人在后天接受教育和环境影响下形成和发展的，在社会实践活动中表现出来的比较稳定的个性特征。

2）创业素质是指在人的心理素质和社会文化素质基础上，在环境和教育的影响下形成和发展起来的，在社会实践活动中全面、稳定表现出来并发挥作用的身心组织要素、结构及其质量水平。

3）创业素质是以人的先天禀赋为基础，在环境和教育的影响下形成和发展起来的、在创业实践活动中表现出来并相对稳定地发挥作用的身心组织要素的总称。

6.2.2 创业者素质的构成

我国学者对创业素质构成要素的阐述概括性比较强，有人认为创业素质包括个性素质、智力素质、文化素质、心理素质、身体素质五种素质，有人认为创业素质主要包括创业意识、创业心理品质、创业能力和创业社会知识结构，也有人认为创业素质包括人格品质、心理素质、能力素质等。

1. 强大的内在驱动力

创业者的内在驱动力往往表现为强烈的成功欲望和事业心。欲望是一种生活目标或人生理想。创业者的欲望往往超出他们的现实，需要在现在的立足点打破眼前的樊笼，才能够实现。所以创业者的欲望往往伴随着行动力和牺牲精神。

创业者的内在驱动力，除了来自强烈的成功欲望之外，现实生活的刺激也有可能激发创业者的创业行为。

2. 强大的心理素质

心理素质是指创业者个人的心理条件，包括自我意识、气质、性格、情感、价值观等心理构成要素。作为创业者，他的自我意识特征应为自信和自立；他的性格应刚强、坚持、果断和开朗；他的情感应更富有理性色彩。成功的创业者大多是不以物喜，不以己悲。另外，由于创业者致力于创业活动的特殊性，往往要求创业者具有与常人不同的心理素质。创业的过程是艰辛并充满诸多不确定性的，面对无数的不确定性和未知的风险，只有保持良好的心态，才能避免患得患失、冲动行事，避免做出与目的背离的选择，从而更好地面对和解决困境。

要具备强大的心理素质，一方面要加强修养，多从历史经验中寻找答案，另一方面要善于学习，恐惧往往来源于无知，只有不断地学习，才能减少无知，更加稳重。

3. 良好的知识素质

知识素质是指创业者应该具有较为丰富的商业知识、企业管理知识和法律知识，其中企业管理知识包括人事管理、资金财务管理、物资管理、生产管理、生产管理等管理知识。除了这些，创业者还应拥有一定的外语知识，以及计算机、网络基础知识等。创业者的知识素质对企业经营活动发挥着重大的影响，创业者必须具有良好的知识素质才能胜任创业管理活动。

另外，良好的知识素质还包括良好的经验素质。创业者的经验素质是指创业者在创业过程及新创企业经营管理活动中实践锻炼和经验的积累。经验之所以对创业者具有重要意义，是因为经验是形成管理能力的中介，是知识升华为能力的催化剂。一个受过良好管理教育的人，只有与创业实践相结合，才能形成创业管理能力，成为成功的创业者。

4. 过硬的能力素质

创业者至少应具有创新能力、分析能力、预见能力、应变能力、用人能力、组织协调能力、社交能力和激励能力。

当然，这并不是要求创业者必须完全具备这些素质才能去创业，但创业者要有不断提高自身素质的自觉性和实际行动。

提高素质的途径主要是学习和改造。要想成为一个成功的创业者，就要做一个终身学习者和改造自我者。

5. 创业精神

创业精神是创业者必须具备的基本素质，包括独立性、敢为性、坚韧性、克制性、适应性五种因素，它与一个人的心理品质相关。独立性是指思维和行为不受他人影响，能够独立地思考、判断、选择、行动；敢为性是指敢于行动、冒险、拼搏、承担；坚韧性是指为了达到目标而坚持不懈、不屈不挠、忍耐坚毅；克制性是能够自我调节和控制情绪，能够避免盲动的、冲动的个性品质；适应性是能及时适应环境和条件变化，处事灵活不局限，善于进行自我调整和角色转换，善于人际合作。

所以，创业的先决条件，不是有多好的项目、多雄厚的资金，而是具有坚韧、执着等创业精神。只有拥有了创业精神，才能够突破困难，打开成功的大门。

6. 不适合创业的人

1) 缺少职业规划和职业意识的人。任何人的成功都不是偶然的，职业规划和职业意识往往能更大限度地激发人的活力和创造力。缺少职业规划和职业意识的人，往往满足于机械性地完成自己分内的工作，缺少进取心和主动性。

2）不勤奋的人。前面提到，创业的成功需要具备良好的知识结构、能力、个性、心理、品质、创业精神等。一个懒惰的人，一定无法达到这些要求。在创业的过程中，可能会遇到许多困难和风险，不勤奋的人是难以应对的。

3）唯命是从、僵化死板的人。这种类型的人，往往难以进行开拓性的工作，无法发现创业机会，也无法灵活处理创业过程中遇到的难题，从而创造性地完成任务。

4）固执己见、缺乏团队精神的人。固执己见不等于坚持自己的意见，而是任何时候都以自我为中心，不尊重他人意见，没有团队精神。在创业的过程中，尤其是创业初期，团队的良好协作是事业成功的基本条件。

5）无主见、患得患失的人。在创业过程中，需要创业者有主见、果敢、坚毅、经得起困难和风险，无主见、患得患失会导致创业行为难以坚持到底，难以克服创业过程中的各种困难。

6.2.3 创业者素质的自我认知与判断

创业者素质的认知是创业准备的重要环节，自我认知是创业素质认知的基本方法，其内容见表6-5。

表6-5 自我认知的内容

自我评估项目	对应内容
生理自我	性别、年龄、身高、外貌形象、体重、健康状况
心理自我	性格、气质、能力、兴趣、价值观、意志、情感、思维方式、道德
社会自我	教育背景，培训经历，所学专业在社会上的需求形势，工作经历，人力资本构成，自己在社会上所扮演的角色，所承担的责任、权利、义务

1. 自我认知的重要性

自我认知是心理学的重要课题，客观全面的自我认知是心理健康的基础。从职业发展理论的角度来看，大学生进行自我认知是自我评估、进行生涯规划和职业选择的基础。

在进行了正确的自我认知后，大学生才能更好地对性格、兴趣、能力、价值观等进行评估，进一步认识社会、工作、人与社会的关系，理智地进行职业选择。

正确的自我认知，是成功创业的基础，有了正确的自我认知，在创业选择、创业项目选择、创业团队组建等方面，才能更加有效率，从而有的放矢地搜寻符合个人特质的人和信息，避免将时间浪费在一些明显不适合的领域里。

正确的自我认知是一个人健康快乐生活的基础。日常生活中，我们的自我了解往往比较粗略，这种粗略的了解可能使我们对生活的理解、甚至对人生价值的认识产生偏差，从而影响工作和生活的质量。如果一个人有全面的、客观的自我认知，他在进行职业选择时，包括在创业选择时，就不会盲目，不会患得患失，相反，会更自信、更有毅力。

2. 自我认知的方法

一般而言，自我认知的方法或途径有以下四种：

1）职业测评。正规的职业测评工具和测量表都是经过心理学家和职业发展理论专家经过多年研究和实证检验而成的。职业测评具有简单、快捷、全面、相对科学的特点，但是，由于这些测评方法和测量表多为国外研究成果，其常模的选择具有特定的人文和社会背景。尽管国内专家们已经做了大量的本土化研究，但是，大学生在使用这些工具时，仍然要理性地看待测试结果，结合多种途径得到的结果，对自己进行评估。

2）生活事件法。反思自己在日常生活中的各种活动和重要事件，处理问题的认识、方法、感受等，来判断和分析自己的性格、能力等特点。例如，自己在遇到问题时，是比较冷静还是比较急躁，是喜欢自己独自处理还是喜欢求助于他人，是不是体现出了进取精神等，从中分析自己的特质是否与创业者素质相符，从而判断自己是否适合创业。

3）他人反馈法。所谓"旁观者清"，有时候我们确实很难意识到自己存在的优点或缺点，而这些优缺点很可能是创业者能否成功的关键要素，因此，从他人的反馈中分析自己的特点，很有必要性。他人主要包括父母、亲朋、老师、同学、合作伙伴等。

4）职业咨询。寻求专业职业指导和咨询人员的指导。

3. 自我认知的原则

在使用各种方法进行自我认知时，应遵循科学原则和发展原则。

1）科学原则。在进行自我认知的过程中，应该多种方法和途径相结合，以弥补各种方法的不足，达到对自己更科学的评估。

2）发展原则。大学阶段是一个人成长和发展非常迅速的阶段，体能、性格、理想、价值观等慢慢清晰或者改变，因而，自我认知也是一个发展的过程，不是一、两次评估就能得出全面的、科学的结论。从创业素质认知的角度来看，由于创业行为的机会成本相对来说更大，对个人创业素质的认知更需要在一定时期内，以发展的眼光进行科学和准确的评估，以增加成功的概率。

6.3 创业者的能力

创业者能力是个人或团体所具备的从事开拓性活动时的特殊的心理能力和个性品质，是创业者解决创业及创业企业成长过程中遇到的各种复杂问题的本领，是创业者基本素质的外在表现。它有很强的实践性、一定的开拓性、集中的表现力和高度的综合性。创业者的能力是创业者整体素质体系中的核心要素，从实践的角度看，表现为创业者把知识和经验有机结合起来并运用于创业管理的过程，具体包括机会识别、整合资源、风险决策能力、战略管理能力、创新能力和创业网络构建能力等。

1. 机会识别能力

机会总是给予善于捕捉机遇的头脑。在稍纵即逝的机会面前，能敏捷捕捉、明知决断，是创业者创业的思维基本功。只有能够等待、感悟和决断机会的人，才能够不失时机地进行创业，成为合格的创业者。

2. 风险决策能力

创业者的决策能力集中体现在战略决策能力上，即创业者在对新创企业外部经营环境和内部经营能力进行周密细致的调查和准确而有预见性分析的基础上，确定企业发展目标、选择经营方针、制定经营战略的能力。虽然创业者有时候也进行一些战术性决策，但更多的精力是用于战略决策。

3. 战略管理能力

把创业仅仅看作是一些天赋、灵感与智慧的闪念是错误的，创业是一种可以管理，也需要管理的系统工作，绝不是坐等灵感的刹那降临。因此，创业者必须始终保持管理意识，对机会的捕捉和利用加以管理。许多发明家，虽然擅长创新，也有创业的宏愿，但由于管理意识的薄弱，以致错失良机，实现不了将创新成果向创业成果的转化，他们也没有意识到，只有通过常态的管理机制，才能更多更好地捕捉发明创造。

4. 开拓创新能力

创业者必须具备创新能力，这是由经营管理活动的竞争性所决定的。提高竞争力的关键在于发挥创业者的创新能力，只有不断地用新的思想、产品、技术、制度和工作方法来替代原来的做法，才能使企业在竞争中立于不败之地。

5. 组织管理能力

创业者，具有把各项生产要素有机组合起来，形成系统整体合力的杰出才能，是研究、开发、生产、销售等各个环节的协调者、组织者和领导者。创业者必须具备敏锐的判断力、坚韧的毅力，以及高超的管理艺术，尤其应具备以下两方面的能力：一方面，创业者必须对自己经营的事业了如指掌，有预测生产和消费趋势的能力；另一方面，创业者必须善于选择合作伙伴，有组织或领导他人、驾驭局势变化的能力。

6. 创业网络构建能力

创业者必须善于建立本行业的广泛社会网络，包括有关本行业的现代电脑网络。密集的行业网络沟通有助于创业者从广泛的社会网络中获取高回报的创业信息，促使创业者在巨型网络提供的信息精华中，吸取经验教训，培养创业精神，既勇于冒险，又坦然地接受失败。"网络"素质较高的创业者，能够掌握极其丰富的发明、生产、销售等诸多信息，真正做到了知己知彼，成功决策，获得丰厚的收益。

6.4 创业者的价值观

1. 价值观

价值观就是我们在生活和工作中所看重的原则、标准或品质，是指向我们一生中最重要的东西，因此也是一套自我激励机制。价值观具有因人而异、相对稳定、在特定条件下可能发生改变的特点。

2. 职业价值观

职业价值观是个人追求的与工作有关的目标，即个人的内在需求及从事的活动是所追求的工作特质或属性。

任何人无论做任何事，其最终目标是追求人生的成功和快乐。但不同的人获得成功和快乐的来源是不一样的，那些能使人从工作中体验到成功和快乐的要素，就是职业价值观。不同的人对于职业的期待可能是不一样的：有的人希望安安稳稳地做自己力所能及的事情；有的人希望挣得高薪；有的人希望能获得权力；有的人希望实现自己的人生价值。造成这些差别的原因，主要就是职业价值观的不同。

3. 创业者的职业价值观

创业是一种职业选择，创业者的职业价值观也是众多职业价值观的一部分。不同的价值观有不同的体现，同样，对创业者而言，他们的价值观也有不同的体现，但总体来说，创业者的价值观有许多共同的特征。

马斯洛（Maslow）提出，人有五个层次的需求：生理需求、安全需求、归属需求、自我尊重的需求、自我实现的需求。只有当低层次的需求得到满足后个人才能关注并致力于满足下一层次的需求，这些需求的内在推动力就是职业价值观。层次需求对应不同的职业价值观，其中，自我尊重的需求对应成就、地位、声望、自主性，自我实现的需求对应发展、成长、兴趣、创造性、社会意义等，这两类需求往往是创业者的需求，一般情况下，它们所对应的价值观就是创业者的职业价值观。

一般而言，具有创业特质的人，其职业价值观更多地表现为智力刺激、成就感、社会地位、独立性、经济报酬等。在进行创业选择时，职业价值观的测评可以作为一个参考维度。

本章要点回顾

本章介绍了创业者、创业者素质、创业者的能力和创业者价值观。创业者是指某个人发现某种信息、资源、机会，或掌握某种技术，利用相应的平台或载体，将其发现的信息、资源、机会或掌握的技术，以一定的方式转化或创造成更多的财富、价值，并实现某种追求或目标的过程的人。创业者想要取得成功，不仅需要良好的外部条件，如国家政策、市场环境、行业环境、良好的团队等，同时内部条件也是极其重要的。这种内部条件就是创业者个人必须具备的促使创业成功的素质。这种素质是一种综合素质。不同的学者对创业者素质的构成有不同的观点。本章主要介绍了四种创业者应该具备的素质：强大的内在驱动力，强大的心理素质，良好的知识素质及创业精神。创业者能力是指个人或团体所具备的从事开拓性活动时的特殊的心理能力和个性品质，是创业者解决创业及创业企业成长过程中遇到的各种复杂问题的本领。创业者的能力是创业者整体素质体系中的核心因素，从实践的角度看，表现为创业者把知识和经验有机结合起来并运用于创业管理的过程，具体包括机会识别能力、整合资源能力、风险决策能力、战略管理能力、创新能力和创业网络构建能力等。创业者的职业价值观也是众多职业价值观的一部分。不同的价值观有不同的体现；同样，对创业者而言，他们的价值观也有不同的体现。

习题

1. 名词解释

（1）创业精神；（2）生存型创业者；（3）变现型创业者；（4）机会型创业者。

2. 简答题

（1）简述创业素质认知的过程。

（2）简述创业精神。

（3）从创业意图角度，创业者分为哪三种类型？简述每种类型的特点。

课后拓展

本章介绍了创业者应该具备的创业素质。本章简单概括了四种创业者素质，以及四类不适合创业的人。请选择其中一种，具体分析这类人为什么不适合创业。

第 7 章

创业项目与资源分析

内容提要

对于创业者来说，创业项目的选择是十分重要的，因此，要掌握创业项目的识别方法，对创业项目的风险进行评估。同时，在进行创业的过程中，创业者也需要拥有寻找、整合创业项目资源的能力。本章详细介绍了创业者如何对创业项目进行识别、评估，并通过合适的途径寻找创业资源，运用专业的方式对创业资源进行整合与创造性利用。

学习目标

①了解创业项目的类型与特点；
②掌握创业项目的评估方法；
③会分析创业项目的风险，了解风险规避的途径；
④了解创业项目资源的获取方式；
⑤掌握整合并创造性地利用创业项目资源的方式。

7.1 创业项目的识别

7.1.1 创业项目与创业机会

在创业的过程中，最重要的事情就是寻找并确定合适的创业项目，而合适的创业项目是与创业机会分不开的。创业机会的识别是创业的开端，更是创业的前提。

创业机会是一种通过创造性结合资源、满足市场需求、创造价值，并且有利于创业者和社会的机会。

7.1.2 创业机会的特征与类型

1. 创业机会的特征

创业机会是指具有较强吸引力的,具有时效性、持久性的,能够创造价值的,有利于创业活动的机会,创业者或者创业团队可根据创业机会进行创业活动,并从中获益。

(1) 时效性

创业机会只存在于某个时间段,这个时间段被称为机会窗口。当市场需求处于一种不平衡的状态时,创业者需要及时搜集信息并捕捉机会,迅速采取行动,这样就可能取得创业的成功并获取收益。

(2) 持久性

创业机会在具有时效性的同时,也应该具有持久性,能够得到进一步的发展。也就是说,判断一个创业机会合适与否的标准之一,是判断市场是否有足够的时间使创业者对创业机会进行开发。

(3) 创造价值

创业机会应带来商业价值或社会价值。市场回应是判断创业机会价值的一个重要标准。所谓市场回应程度,就是指市场对创业者产品或服务的接受程度。只有在市场能够对创业项目的产品有很好的回应时,创业者的产品才有可能实现货币价值。

2. 创业机会的类型

(1) 技术机会

技术机会是指技术创新带来创业机会。随着科技发展与社会科技的进步,技术上的变化组合与创新,可为创业者带来创业机会。一方面,机会会引导新创企业开发出新产品和新服务;另一方面,新产品和新服务又能带来新的创业机会。

(2) 市场机会

市场机会一般分为三类:第一类是在当下市场已有的产品和服务中寻找尚未被满足的顾客需求,去开发一个新的市场,或开发现有产品的新功能和新用途;第二类是指创造开发,设计生产出具有新功能的产品,来满足变化的市场需求;第三类是指基于社会分工演化下,专业化所衍生的市场。

(3) 政策机会

政治因素、规章制度的变动带来相关资源使用上的变动,从而带来相关的创业机会。国家或区域政策环境的变化能够促进商机的产生,将原有的资源重新整合并使用,提高资源使用效率。

7.1.3 创业项目机会的识别

创业机会识别是创业者在创业活动中需要关注的一个重要问题。由于创业过程就是围绕着机会进行识别、开发、利用的过程,因此创业者应当具备识别合适创业机会的重要技能。

1. 创业的愿望

创业的愿望是创业机会识别的前提。创业者拥有创业愿望，并将其作为创业的原动力，督促创业者去发现和识别市场机会。创业者如果没有创业意愿，遇见再好的创业机会也会视而不见并失之交臂，因此拥有创业的愿望是创业机会识别的前提。

2. 创业能力

创业者的创业能力是创业机会识别的基础。创业者在识别创业机会的过程中会需要用到创业者的个人能力。与创业机会识别相关的能力主要有：远见与洞察能力、信息获取能力、技术发展趋势预测能力、模仿与创新能力、建立各种关系的能力等。

3. 创业环境

创业环境的支持是创业者进行创业机会识别的关键。创业环境包括政府政策、社会经济条件、创业和管理技能、创业资金和非资金支持等方面，是创业过程中多种因素的组合。一般来说，如果社会对创业失败比较宽容，有浓厚的创业氛围；国家对个人财富创造比较推崇，有各种渠道的金融支持和完善的创业服务体系；产业有公平、公正的竞争环境，就会有更多的人创业。

7.1.4 创业项目的评估

蒂蒙斯（Timmons）提出，创业者在进行创业项目评估的过程中需要注意八大类的评估，包括行业和市场、经济性、收获、竞争优势、管理团队、致命缺陷问题、个人标准、战略差异。每个指标的吸引力分为最高潜力和最低潜力，并对最高潜力和最低潜力进行描述。

1. 市场评估准则

1）市场定位：一个好的创业机会，必然具有特定市场定位，专注于满足顾客需求，同时能为顾客带来增值的效果。因此评估创业机会的时候，可由市场定位是否明确、顾客需求分析是否清晰、顾客接触通道是否流畅、产品是否持续衍生等，来判断创业机会可能创造的市场价值。创业带给顾客的价值越高，创业成功的机会也会越大。

2）市场结构：针对创业机会的市场结构进行分析，包括进入障碍，供货商、顾客、经销商的谈判力量，替代性竞争产品的威胁，以及市场内部竞争的激烈程度。由市场结构分析可以得知新企业未来在市场中的地位，以及可能遭遇竞争对手反击的程度。

3）市场规模：市场规模大小与成长速度，也是影响新企业成败的重要因素。一般而言，市场规模大者，进入障碍相对较低，市场竞争激烈程度也会略为下降。如果要进入的是一个十分成熟的市场，那么纵然市场规模很大，由于已经不再成长，利润空间必然很小，因此新企业就不值得再投入。反之，一个正在成长中的市场，通常也会是一个充满商机的市场，所谓水涨船高，只要进入时机正确，必须会有获利的空间。

4）市场渗透力：对于一个具有巨大市场潜力的创业机会，市场渗透力（市场机会实现的过程）评估将会是一项非常重要的影响因素。创业家知道选择在最佳时机进入市场，也就是市场需求正要大幅成长之际已经做好准备，等待接单。

5）市场占有率：从创业机会预期可取得的市场占有率目标，可以显示新创公司未来的市场竞争力。一般而言，成为市场的领导者，最少需要拥有20%以上的市场占有率。如果低于5%的市场占有率，则新企业的市场竞争力显然不高，自然也会影响未来企业上市的价值。尤其是高科技产业，新企业必须拥有成为市场前几名的能力，才比较具有投资价值。

6）产品的成本结构：产品的成本结构可以反映新企业的前景，如从物料与人工成本所占比重之高低、变动成本与固定成本的比重，以及经济规模产量大小可以判断企业创造附加价值的幅度和未来可能的获利空间。

2. 效益评估准则

（1）合理的税后净利

一般而言，具有吸引力的创业机会，至少需要能够创造15%以上的税后净利。如果创业预期的税后净利在5%以下，那么就不是一个好的投资机会。

（2）达到损益平衡所需的时间

合理的损益平衡时间应该能在两年以内达到，如果三年还达不到，就不是一个值得投入的创业机会。不过有的创业机会确实需要经过比较长的耕耘时间，通过这些前期投入，清除进入障碍，保证后期的持续获利。在这种情况下，将前期投入视为一种投资，才能容忍较长的损益平衡时间。

（3）投资回投率：考虑到创业可能面临的各项风险，合理的投资回报率应该在25%以上。一般而言，15%以下的投资回报率，是不值得考虑的创业机会。

（4）资本需求

投资者一般比较喜欢资金需求量较低的创业机会。许多个案显示，资本额过高其实并不利于创业成功，有时还会带来稀释投资回报率的负面效果。通常，知识越密集的创业机会对资金的需求量越低，投资回报反而会越高。因此在创业开始的时候，不要募集太多资金，最好通过盈余积累的方式来创造资金。而比较低的资本额有利于提高每股盈余，并且可以进一步提高未来上市的价格。

（5）毛利率

毛利率高的创业机会相对风险较低，也比较容易取得损益平衡。反之，毛利率低的创业机会风险则较高，遇到决策失误或市场产生较大变化的时候，企业很容易遭受损失。一般而言，理想的毛利率是40%，毛利率低于20%的创业机会就不值得考虑。

（6）策略性价值

能否创造新企业在市场上的策略性价值，也是一项重要的评价指标。一般而言，策略性价值与产业网络规模、利益机制、竞争程度密切相关，而创业机会对于产业价值链所能创造的增值效果，也与它所采取的经营策略、经营模式密切相关。

（7）资本市场活力

当新企业处于一个具有高度活力的资本市场时，它的获利回收机会相对也比较高。不过资本市场的变化幅度极大，在市场高点时投入，资金成本较低，筹资相对容易。在资本市场低点时，投资新企业开发的诱因较低，好的创业机会也相对较少。不过，对投资者而言，市场低点的成本较低，有的时候反而投资回报会更高。一般而言，新创企业活跃的资本市场比较容易创造增值效果，因此资本市场活力也是一项可以被用来评价创业机会的外部环境指标。

（8）退出机制与策略

由于投资的目的都在于利益的回收，因此退出机制与策略就成为一项评估创业机会的重要指标。企业的价值一般也要由具有客观鉴价能力的交易市场来决定，而这种交易机制的完善程度也会影响新企业退出机制的弹性。由于退出的难度普遍要高于进入，所以一个具有吸引力的创业机会，应该为所有投资者考虑退出机制，以及退出的策略规划。

案例 7.1

湖南某高校建筑装饰工程技术专业学生朱某毕业后一直从事家装工作，在工地偶然接触到全景放样，便开始产生了兴趣。起初他发现行业人员中很多人对全景放样并不熟悉，市面上也很少有。随着装饰行业的更新与发展，朱某认为，全景放样一定会成为装饰行业的趋势，于是他带着一系列疑惑与好奇，开始尝试全景放样的学习与研究。

他找了一位同乡的伙计作为助手，白天找活，联系客户，晚上查阅资料，研究设备的做法。在坚持与努力下，慢慢地有了业务，并于 2015 年成立了装饰材料公司，致力于室内 1∶1 全景放样，主要面向湖南大中小型装修公司形象工地策划保护。目前，公司拥有一支专业的施工团队和稳定的客户资源，业务项目也在逐步拓展。

7.2 创业项目的风险分析

7.2.1 创业项目风险的构成与分类

机遇与风险并存。在创业过程中，不可避免地会有风险因素的干扰，如果不能及时规避风险或把风险降到最低，很有可能造成创业活动难以进行下去，甚至导致创业活动的失败。在激烈的市场竞争面前，学会识别并化解风险是十分重要的。

创业风险就是指在创业过程中存在的风险，主要是由不断变化的、不确定的因素构成的，分为系统风险与非系统风险两类。

1. 系统风险

系统风险是由环境因素的不确定性导致的风险，是创业者自身难以掌控的。创业者只能加强监测和预警，提前做好准备，尽力去规避它们。

(1) 国家法律及政策变化的不确定性

商业领域出现的新事物，经常超前于立法机构和政府制定的法律政策，往往缺少国家标准。因此，当新的事物或者新的商业模式出现之后，如果存在法律空白等其他原因，政府或立法机构可能会及时做出相应的政策调整。这些政策调整可能会改变之前的商业环境，对创业者的创业项目产生有利或者不利的影响。

创业者的新产品，在正式销售之前，需要获得政府职能部门的许可。但某些时候，新创企业的产品并非都获得了所需的政府许可，而当产品扩大影响范围并引起社会讨论时，面对政策空白，政府或立法机构会及时进行调整。

(2) 商品市场需求的不确定性

创业的商品市场带来的风险，是指在创业的市场实现环节，创业者会遇到由于市场需求的不确定性或竞争的不确定性所导致的创业失败的风险。由于新产品在开发市场的过程中，它的市场需求是潜在的、待成长的，市场接受新产品的具体时间具有不确定性，因此，创业者很难在产品投入市场之前就预判出市场接受新产品的具体时间，因此也很难确定新产品上市的合适时间点。

同时，由于新产品的市场需求是潜在的、待成长的，因此创业者很难预测出新产品的市场需求的成长速度，也难以预测新产品的扩散速度。这些不确定性为创业者的下一步计划带来了困扰，创业者只能时刻关注市场，结合新产品市场需求的增长情况来进行下一步计划。

(3) 市场同行竞争的不确定性

市场是随时间千变万化的，市场竞争也是瞬息万变的。根据一些创投公司的调查，多数创业者的创业计划中忽视了对同行的竞争者分析。而在真正的市场中，拥有相似产品的创业团队是非常多的，在团队整体的知识、技术相差不多的情况下，如何战胜竞争者就是创业者要考虑的重要问题。有些创业者过度关注自己的产品，满足于自己"具有新意"的点子，而忽视同行市场竞争的实际态势，在不知不觉中被超越而导致创业失败。

(4) 生产要素市场供给的不确定性

新产品的生产是离不开上级原料供应的。创业者在选定创业项目并决定投入生产后，能不能及时从上游市场获得价格合适且足量的原材料供给，具有不确定性。同时，受到各种因素的影响，上级供应商的原料是否充足，或上级原料供应商是否更愿意将原料销售给出价高的下游企业，供应商是否遵守契约按时足量供应原料，这些行为具有不确定性，而这些是创业者很难控制的。

2. 非系统风险

非系统风险是指非外部因素导致的风险，是与创业者自身、创业者团队和创业投资者等有关的不确定因素导致的风险。

(1) 技术风险

技术风险是指由技术方面因素的不确定性导致创业失败的风险。随着科学的发展和社会的进步，技术市场也在不断地发生变化。一个新技术导向的新产品，在技术实现方面具有不确定性，这影响到新产品是不是能够及时问世；同时，技术手段存在着风险，新技术是否易于实现，是否适合大规模生产，也关系到新产品能不能在市场中占有一席之地；技术寿命长短的不确定性也属于技术风险的一种，在日新月异的技术及产品更迭中，新产品的核心技术是否很快被更新的技术创意更新，这些都是创业者要面临的风险。

（2）生产风险

企业在生产过程中，由于生产技术或生产工艺落后导致生产周期过长或生产成本过高，难以大批量生产，或在利润方面没有竞争优势，是创业者需要警惕的生产风险之一。同时，由于生产外包或其他原因导致产品质量难以保证，是创业者需要规避的创业风险。

（3）财务风险

创业者在启动创业项目之前，最重要的就是得到资金，但在资金的获取过程中往往存在着最大的不确定性。现阶段创业者主要通过自筹资金、银行贷款、风险投资等方式来获取资金。但在真正实施阶段，自筹资金多来源于薪酬结余积累或是家庭积蓄，商业银行小额贷款的资金额度往往不足以支撑市场容量较大的创业活动，争取风投公司的投资并不容易。因此，创业者如何抓住自有产品的优势，多途径吸引资金，就成了一件充满不确定性却又十分重要的事情。

（4）团队管理风险

创业者在进行创业活动时，可能遇到由于管理不善导致的团队分裂，造成创业失败，这种风险属于管理风险。创业团队内部需要形成团队凝聚力，否则团队可能会在后来的磨合中失去共同的目标而各奔东西。

7.2.2 创业项目的风险规避途径

创业者如果不在创业前认真了解与创业有关的法律法规和所在行业的基本政策，就有可能造成创业失败甚至更为严重的后果。

因此，懂法守法，根据法律保护自己的合法权益，时刻关注相关政策的调整，并随政策的变化对创业计划进行调整，才能在创业过程中获得先机。

1. 提前进行市场调研并选择正确的创业方向

当创业者确定了创业项目之后，要进行的一个重要环节就是市场调研。通过详尽的市场调研了解创业项目的市场潜力和成长性，并结合其他因素，对创业项目有一个客观的评估。

创业者在做好市场调研的前提下，了解了市场需求后，可以对市场未来发展方向有一个预估，进而选择正确的创业方向。创业者还需要对相关行业的发展现状、未来前景、经济变化形势、行业发展趋势以及市场竞争情况有一个相对详细的了解。

2. 做竞争对手分析

市场上同类竞争者的存在，为创业团队带来了创业失败的风险。创业团队可通过竞争对手分析，了解竞争对手的信息，获知竞争对手的发展策略，先行一步，做出最适当的应对。

一旦确定了竞争对手，那么从战略制定来讲，需要对竞争对手作以下四个方面的分析：

1）竞争对手的各期目标和战略；
2）竞争对手的经营状况和财务状况分析；
3）竞争对手的技术经济实力分析；
4）竞争对手的领导者和管理者背景分析。

3. 技术风险防范

创业者对技术风险的防范，主要是指对技术风险进行识别和预测，并采取行之有效的措施规避、降低风险的行为。对技术研发过程中风险的防范，是减少风险损失、获得创业成功的重要途径。

创业者可对技术风险从以下几种途径进行规避：一是避开高风险的开发项目或技术开发中的高风险因素；二是尽可能利用自有技术或过期的专利技术，并对所用技术进行科学的评估；三是在技术开发过程中，尽可能减少无法避免的风险性因素带来的损失。

4. 财务风险规避

创业者可采取多渠道融资来规避创业资金不足导致的创业风险。若采用单一的融资渠道，可能更易于面临资金链断裂的风险，因此，创业者应采取自筹资金、债券融资、股权融资、争取政府机构支持等多种手段来获取资金。

在创业过程中，及时收回初始资金并获取利润，以避免企业出现支付危机。在创业经营环节中应保证流动资金多于到期应付的贷款，维持企业的良好信誉。

在出现资金周转困难时应果断采取应对措施，例如增加自筹资金、转化短期贷款为长期贷款、督促客户进行支付或对产品进行促销的方法来解决困境。

同时，创业者应在企业内部建立一套行之有效的财务预警机制，运用财务安全指标来预测企业财务危机，并分析导致企业失败的管理失误，有效解决资金的可获取性，通过预警不断调整自身来摆脱财务困境。

5. 管理风险规避

创业者应在团队形成之初就确立一个团队的"领导"任务，并努力形成团队凝聚力，鼓励团队成员拥有一致的目标、愿景、利益、思路等。在团队遇到困难时，团队的核心人物应及时鼓励团队成员，防止团队成员因畏难而出走或寻找其他更具有诱惑力的商机。

在团队确立之初确定好科学的、健全的内部管理制度可以降低创业风险，提高创业成功率。具体而言，就是建立创新激励和人才储备机制，构建法人治理结构。

7.3 创业项目的资源需求分析

7.3.1 创业项目资源概述

创业者在进行创业项目之前，要筹集并获得必要的资源。资源是企业在向社会提供产品的过程中，所拥有的或能支配的用以达到创业目标的各种要素及要素组合。创业过程实际上就是创业者筹集、整合和拓展资源的过程,是创业者对创业资源重新整合,以获得竞争优势的过程。

1. 核心资源与非核心资源

根据资源基础论,我们可将创业项目资源分为核心资源与非核心资源。

(1) 核心资源

核心资源是创业资源中最重要、有别于其他创业项目的具有优势的资源,是创业机会识别、机会筛选和机会运用几大阶段的主线。核心资源主要包括技术、管理和人力资源。

1) 技术资源。技术资源是一种积极的机会资源,它在创业初期起着最关键的作用。第一,创业技术是决定创业产品市场竞争力和获利能力的重要因素;第二,创业技术的核心程度影响着所需创业资本的大小;第三,是否具有独特的核心技术影响着新创企业能否在市场中取得成功。

对于创业团队来说,主动寻找并引进具有商业价值的科技成果,是创业团队的核心竞争力所在。创业企业的首要任务就是寻找一个成功的创业技术。

2) 管理资源。管理资源即创业者资源,它代表着创业团队的领导人对机遇的识别、把握能力和对其他资源的整合能力,这些能力都直接影响着创业的成败。管理资源对创业企业的成长有着十分重要的作用。

3) 人力资源。人力资源是一个企业创新的源泉,是企业的财富。人力资源不仅指创业及团队的特点、知识和激情,还包括创业者及其拥有的团队、能力、意识、社会关系、市场信息等。

(2) 非核心资源

非核心资源主要是指创业团队所需的资金、场地与环境资源,在创业过程中同样具有重要的作用。

1) 资金资源。资金是创业者在创业过程中进行资源整合的重要媒介。对于创业者来说,创业过程中筹集并投入一定的资金资源,不仅是创业活动得以开展的基础,更有助于筹集社会资源。资金资源包括创业需要的启动资金、创业转型或发展所需要的再次融资。

2) 场地资源。企业在选择场地时,要考虑多方面的因素。良好的场地资源能够大幅度地降低企业的运营成本,为企业提供便利的生产环境与经营环境,帮助企业在短期内积累更多的顾客或质量好、价格低廉的供应商。

3) 环境资源。环境资源作为一种外围资源影响着创业企业的发展,包括信息资源、文化资源、政策资源、市场资源等。例如,信息资源可以为创业者提供优厚的场地资金、管理团队等关键资源;文化资源是指企业的核心文化,有助于企业凝聚力的形成,促进管理资源的持续发展。

2. 内部资源与外部资源

从控制资源的主体角度,可以将创业资源分为内部资源和外部资源。

（1）内部资源

内部资源来自创业团队内部的积累，是创业者自身所拥有的可用于创业的资源。具体包括创业者个人或创业团队具有的知识技能与核心技术，创业团队所拥有自主支配权的生产资料，创业者拥有的可用于创业的自由资金、创业机会信息及其自身的管理才能等。

1）团队拥有的资金。创业团队所拥有的资金不仅属于创业的核心资源，更属于内部资源。资金是一种流动性资产，可以迅速获得新创企业所需的各种其他资产，也可以在其他资产难以快速兑现的情况下发挥应急作用。

2）知识资产及技术专长。创业者或创业团队所拥有的、有价值的知识性成果被称为知识性资产，包括已经获得的各类知识产权，如专利、软件著作权等。在知识经济形态下，知识性资产和技术专长是创业团队的创业基础，代表着创业团队的核心竞争力。

3）关系网络。关系网络是创业者或创业团队所拥有的各种社会关系的总和，包括创业者的个体网络及创业企业的组织关系网络，如已有的客户资源、稳定的合作伙伴等。

4）营销网络。新创企业的成功与强大的营销网络是分不开的，营销网络是重要的创业资源之一。创业团队无论是销售自己生产的产品，还是销售别人的产品，都需要强大的营销网络作为营销平台。

（2）外部资源

外部资源更多地来自外部的机会发现，在创业初期起着重要的作用。创业团队在创业初期，面临着资源不足的重要问题。一方面，新创企业的创新与成长必须消耗大量资源；另一方面，新创企业由于自身还很弱小，没有途径去实现资源的自我积累与增值。因此，创业团队需要识别机会，从外部获取充足的创业资源，实现企业的快速成长。

1）市场。一方面，市场是创业项目得以产生、生存并发展的基础，是创业者正确决策的重要信息依据，是适时调整创业思路的基础。在千变万化的市场经济中，创业团队需要及时搜集尽量完备的市场信息，否则就会因信息滞后而处于竞争的劣势。

另一方面，在市场上首先获得客户认同、较早占据市场的新创企业具有更大的优势。消费者容易形成品牌忠诚度，为市场先行者带来更稳定的客户支持。因此，创业团队需要及时收集市场信息，努力开拓市场资源，积极争取更多的客户认同。

2）政策信息。政府政策对创业活动的支持主要体现在按照创业企业衍生及发展的需求，提供必要的优惠和支持，包括税收、注册等方面的支持。

创业者及创业团队需要在创业的过程中时时关注政策信息，把握政策改动中对自己有利的一面，及时避开或减轻政策中对自己创业活动不利方面的影响。对于创业团队来说，信息的收集也十分重要，在竞争十分激烈的情况下需要更加丰富的、及时的信息。

3. 影响创业资源获取的因素

创业资源的获取是创业团队在创业初期所面临的一个重要环节，是新创企业在确定了资源需求以后利用自身的资源获取资源的过程，主要包括外部购买、外部吸引和内部积累三个方面。经过调查分析，以下因素可能影响创业资源的获取，在创业过程中应当尤其注意。

(1) 创业导向

创业导向是创业组织解决问题、响应环境变化的一系列相关活动在创业活动中的具体表现。创业导向的企业具备创新和风险承担的意识，能够在面对竞争对手时积极应战，面临市场机会时超前行动。创业导向反映了企业追求机会时的态度，驱使企业进行扩张，技术得以进步，这种态度或者意愿会正向激励创业行为，从而创造财富。

创业导向被分为多种维度，包括创新性、风险承担性、前瞻性与竞争积极性。

1) 创新性是指创业团队或新创企业在面临挑战时愿意通过具有创意的、创新的方式来解决问题，包括新产品、新技术、新工艺或新的管理思想等。

2) 风险承担性是指新创企业愿意将大量资源投入到创业活动中的意愿和愿意承担不确定风险的程度。

3) 前瞻性是指新创企业在预测市场需求的前提下，率先将新产品或新服务引入市场并获得利润的行为。

4) 竞争积极性是指新创企业为了成功进入市场而与市场中已有竞争者有力地进行竞争的程度。

在创业导向的指导下，创业团队能够有创造性地、积极主动地整合并利用资源。因此，创业导向影响着创业团队对于创业资源的获取。

(2) 创业团队拥有的初始资源

创业团队拥有的初始资源包括教育程度、创业经验、知识、技术及网络关系。

创业团队在进行创业活动的过程中，将先前的创业经验运用到本次创业活动中，有助于发现和获取创业资源。拥有创业经验的创业者在不确定性和时间压力下，运用先前创业经验做出有利于本次创业活动的判断，更容易获得可取的特定机会，从更多途径获取到创业资源。

创业者已有的行业经验、市场知识等强化了其发现创业机会的和获取创业资源的能力。同时，创业者拥有的初始资源能够帮助创业者解决创建和管理创业团队中遇到的许多困难，更有利于新创企业的发展。

(3) 创业网络

创业网络包括社交关系网络与营销网络。

1) 创业者拥有的社交关系网络是新创企业最重要的资源之一，有助于提供企业正常运转所需的各种资源。社交关系网络能通过促进信息传递的方式，大大降低企业的交易成本，帮助新创企业获得与企业需求相匹配的资源，因此对于创业资源的获取具有重大意义。

2) 营销网络是重要的创业资源之一，创业团队在销售产品的过程中需要强大的营销网络作为营销平台。强大的营销网络有助于创业资源的获取。

7.3.2 创业资源的作用

创业者获取创业资源的最终目的是组织资源并服务于创业活动，使创业活动获得成功。

因此，创业者获取的创业资源会对创业活动产生积极的影响。

（1）资金资源在创业中的作用

资金资源是创业者在创业活动中最重要的资源，充足的资金有助于新创企业的发展。创业团队在创业的过程中，无论是进行产品研发、产品推广还是生产销售，都离不开充足的资金，并且大多数新创企业在创业初期是没有收入或收入很少的。因此，创业之前要对资金资源做好一定的准备，从而规避因资金链断裂而带来的创业活动失败的风险。

（2）技术资源在创业中的作用

对于基于技术服务的新创企业来说，技术资源是企业存在和发展的基石，是创业活动稳定发展的根本所在。因此，新创企业在进行创业活动之前要寻找成功的创业技术。

（3）专业人才在创业中的作用

专业人才对于新创企业的成长和发展起着十分重要的作用。对于技术类导向的新创企业来说，专业人才显得尤为重要。因此，新创企业需要不断地发现和挖掘高素质人才，为团队注入新的活力。

（4）社会关系网络在创业中的作用

关系网络有助于创业团队进行市场拓展，为新创企业的初期创建及其后续发展奠定良好的基础，为新创企业的发展提供更为坚实的支持和保障等。

7.3.3 创业资源的获取方式

1. 资金资源

（1）外源融资

创业团队可以通过市场交易途径获取创业资源，其中比较常见的一种方式是通过外源融资的方式获取创业资源。

外源融资是指企业通过一定方式向企业之外的其他经济主体筹集资金，吸收其他经济主体的储蓄，以转化为自己投资的过程。外源融资方式包括银行贷款、发行股票、企业债券等，此外，企业之间的商业信用、融资租赁在一定意义上说也属于外源融资的范围。

（2）内源融资

内源融资是指企业不断将自己的资金储蓄转化为投资的过程。它主要由留存收益和折旧构成。内源融资主要包括权益性融资和债务性融资两种方式。权益性融资构成企业的自有资金，投资者有权参与企业的经营决策，并获得企业的红利，但无权撤退资金。债务性融资构成负债，企业要按期偿还约定的本息，债权人一般不参与企业的经营决策，对资金的运用也没有决策权。

2. 人才与技术资源

创业团队在创业阶段需要引进人才与技术，创业者可以通过以下几种方式来吸引人才，引进技术。

1）吸引技术持有者加入创业团队；

2）购买他人的成熟技术，并进行技术市场寿命分析；

3）购买他人的前景型技术，再通过创业团队的后续开发，将其包装成为商品。

3. 技术、市场与政策信息资源

创业者需要在创业阶段引入技术、市场与政策信息资源，可以根据实际情况，通过政府机构、同行创业者、专业信息机构、互联网等方式来获取技术、市场与政策信息资源。

7.4 创业资源的整合

创业资源整合是指创业者用最小的资源量获得最大的收益，是企业间竞争的一个新角度。在当今社会日趋激烈的企业竞争中，对资源整合能力的考察很重要。资源整合能力强的企业可以充分利用内部资源与外部资源，获取竞争优势。创业者需要在获得各种创业资源后，有效地对其进行识别，并借助创业团队内部力量或外部力量对创业资源进行组织和整合，实现企业的核心竞争力。

7.4.1 创业资源整合的原则

1. 寻找利益相关者

创业团队在进行资源整合时要关注与自身具有利益关系的组织和个人。首先寻找出利益相关者，辨别出利益相关者之间的利益关系，强调创业团队自身与利益相关者的利益关系，必要时创造出与利益相关者之间的利益。

2. 构建共赢机制

创业团队在进行资源整合的过程中，不仅要考虑自身的利益，更要考虑资源提供者的利益，使双方达到利益上的共赢。在与资源提供者进行合作时，创业团队要确立好各方利益都能实现的共赢机制，给资源提供者一定的回报。

3. 维持长期合作

资源整合以利益共赢为基础，需要以信任来维持，达到长期合作的目的。创业团队要努力构建制度信任，建立与资源提供者更广泛的信任关系，以获取更长远的合作和更大的回报。

7.4.2 创业资源整合的途径

1. 业务外包

业务外包又称为资源外包，是指企业在拥有合同的情况下，将一些非核心的、辅助性的功能或业务外包给外部的专业化厂商，利用它们的专长和优势提高企业的整体效率和竞争力，从而达到降低成本、提高效率、充分发挥自身核心竞争力和增强企业对环境的迅速应变能力的目的的一种管理模式。

2. 合资

合资又称合营,是指企业通过合资经营的方式将各自的资源整合在一起并分享利润、共同承担风险。

3. 联合研发产品

新产品的开发是复杂的过程,从寻求创意到新产品问世往往需要花费大量的时间,而市场环境的复杂多变又使新产品开发上市的成功率极低。企业间共同开发与提供新产品,可以共同利用资源,促进技术交流,减少人力资源闲置,节省研发费用,分散风险,共同攻克技术难题。多个企业联合开发一项新的产品时,企业可以各自利用新产品改造现有的产品,提高产品的质量或创新卖点,提高市场竞争力。

4. 资源共享

资源共享是把属于本企业的资源与其他企业共享,其共享方式可以是有偿的,也可以是无偿的。资源共享一方面可以充分利用现有资源提高资源利用率,另一方面可以避免因重复建设、投资和维护造成的浪费,是实现优势互补和高效、低成本目标的重要措施。

案例7.2

2006德国"世界杯"之前的"久久丫",是在全国拥有600多家连锁店的熟食企业,但在广州等南方市场,一直无法打开局面。"久久丫"决定抓住世界杯这个四年一遇的机会,在球迷身上找到突破口。

一直以来,看足球喝啤酒是众多球迷的消费习惯,如果再加上鸭脖子,就是一种绝妙的搭配。"青岛啤酒"投入几千万冠名了央视的"世界杯"栏目,若能与其联手,无论是品牌形象,还是市场推广,对"久久丫"来说都是莫大的促进,而且不需要付出额外的费用。于是"久久丫"主动找到"青岛啤酒",提出联合营销,并为"青岛啤酒"开出免费陈列的优惠条件。数百家分店的网络对于"青岛啤酒"是个不小的诱惑,基于市场双赢的考虑,"青岛啤酒"欣然接受了"久久丫"抛来的橄榄枝。"青岛啤酒"与"久久丫"合作的新闻发布会在上海、北京、广州、深圳四地轮番召开,正式展开"世界杯"营销攻势。"世界杯"第一天,"24小时电话、网上购买'久久丫'鸭脖子,送青岛啤酒助威世界杯组合套餐"活动开始推出,双方联合打出的口号是:看"世界杯",喝青岛啤酒,啃"久久丫"。旋即,全国范围内刮起了鸭脖子销售风暴。"世界杯"开赛当天,"久久丫"全国销量比平时增长了70%~80%,几乎销售一空。在上海"久久丫"连锁店,世界杯首日正值德国队对阵哥斯达黎加队的焦点战,"久久丫"鸭脖子销量急速上升,部分连锁店甚至脱销。一个月下来,"久久丫"卖掉了200多万只鸭脖子,全国营业额达到1 800万,而"久久丫"不过投入150万元左右的资金。

7.5　创业资源的创造性利用

1. 善用资源整合技巧

创业者在已有的资源中加入一些新的元素，与已有的元素重新组合，形成新的创业目的或在资源利用方面的创新行为，就是资源整合的技巧之一。

创业者应突破环境、市场等资源的约束，积极主动地突破资源传统利用方式的约束，善于用发现的眼光，洞悉身边各种资源的属性，完成创业目标。

2. 发挥资源杠杆效应

尽管存在资源约束，但创业者并不会被当前控制或支配的资源所限制，成功的创业者善于利用关键资源的杠杆效应，利用他人或者别的企业的资源来完成自己创业的目的：用一种资源补足另一种资源，产生更高的复合价值；或者利用一种资源撬动和获得其他资源。其实，大公司更擅长于资源互换，进行资源结构更新和调整，积累战略性资源，这是创业者需要学习的经验。

3. 设置合理的利益机制

资源通常与利益相关，创业者之所以能够从家庭成员那里获得支持，是因为家庭成员之间不仅是利益相关者，更是利益整体。既然资源与利益相关，创业者在整合资源时，就一定要设计好有助于资源整合的利益机制，借助利益机制把包括潜在的和非直接的资源提供者整合起来，借力发展。因此，整合资源需要关注有利益关系的组织或个人，尽可能多地找到利益相关者，并分析这些组织或个体和自己及自己想做的事情的利益关系。利益关系越强、越直接，整合到资源的可能性就越大，这是资源整合的基本前提。

本章要点回顾

本章所涉及的内容是创业项目的资源分析，分别介绍了创业项目的类型与特征、识别方式、风险分析、需求分析，以及创业项目的资源整合途径。

创业者在进行创业活动之前，要对创业项目有一定的评估，而该评估需要固定的标准。创业项目的风险分析十分重要，学会对风险进行创业收益预测并对创业者的风险承担能力进行评估也是十分重要的。

随着创业活动的进行，筹集创业资源成了创业者要面对的重要问题。创业者要学会创造性地整合资源，掌握创业资源管理的技巧和策略。

习题

1. 名词解释

（1）创业机会；（2）创业者风险承担能力。

2. 简答题

(1) 简述创业机会的来源和特征。

(2) 创业项目有哪些类型?可以采用什么方式识别并获得创业项目?

(3) 创业项目评估需要注意哪些方面的问题?运用什么准则进行评估?

(4) 简述创业项目的风险类型,并说明有哪些规避途径。

(5) 创业项目资源都有哪些类别?

(6) 简述从哪些途径可以获取创业项目资源。

(7) 创业项目资源整合的原则是什么?

3. 综合应用题

(1) 结合"久久丫"案例,分析"久久丫"在资源整合过程中用到的原则。

(2) 试举一个成功进行资源整合的商业案例。

课后拓展

本章介绍了创业项目的识别及创业项目资源整合的知识。限于篇幅,本章只介绍了创业项目的普遍类型和创业资源的一般获取方式。其实,还有很多与创业资源整合有关的内容没有体现。那么,你能否收集相关资源整合案例并对其分析呢?找出一个你认为最有特点的资源整合案例,并和同学讨论一下吧。

第 8 章

创业团队的组建

内容提要

生活中不乏个人创业成功的案例，一般而言，独立创业者创办的新企业成长较为缓慢，因此风险投资者通常更愿意选择创业团队创办的企业。拥有一个好的创业团队意味着拥有更加完善的创业计划、更加细致的分工合作及更加广泛的社会资源，这些是独立创业者所不具备的。本章主要介绍创业团队的概念内涵、构成要素，组建创业团队的方法，以及如何对创业团队进行管理。

学习目标

①了解创业团队的定义及类型；
②掌握创业团队的组建程序；
③熟知创业团队的管理方法；
④了解创业团队的常见问题与解决方法。

8.1 创业团队类型

创业团队是为进行创业而形成的集体，它使各成员联合起来，在行为上形成彼此影响的交互作用，在心理上意识到其他成员的存在及彼此相互归属的感受和工作精神。

依据创业团队的组成者之间的相互关系可以将创业团队划分为三种类型：星状、网状、虚拟星状。

1. 星状创业团队

星状创业团队是目前最为常见的创业团队，也称为核心主导型创业团队，一般指团队中有一个核心人物作为团队的领导者，该领导者基于自身创业理念和需要组建团队，其他成员在团队中充当支持者的角色。

如太阳微系统公司创业当初就是由维诺德·科尔斯勒（Vinod KhMla）确立了多用途开放工作站的概念，接着他找了两位软件和硬件方面的专家，以及一位具有实际制造经验和人际交往技巧的成员，组成了创业团队。

2. 网状创业团队

网状创业团队也称群体型创业团队，一般来说，网状创业团队的成员在创业之前就有密切的联系，成员在交往过程中，基于共同理念，对某些想法有共同的认知，并就创业行为达成共识，从而开始进行创业。由于没有明确的核心人物，创业团队的每位成员扮演的基本上都是协作者或伙伴的角色，各成员地位相对平等。

3. 虚拟星状创业团队

虚拟星状创业团队是由网状创业团队演化而来，是前两种类型的中间形态。在团队中有一名核心主导成员，但是该核心成员的主导地位是由团队全体成员协商确立的，因此该核心成员虽然拥有比普通团队成员更多的话语权，但其更接近于整个团队的代言人，而非真正的核心主导成员，且其行为必须充分考虑其他团队成员的意见。

上述三种类型创业团队的比较见表8-1。

表8-1 三种类型创业团队的比较

类型	优点	缺点
星状	决策程序简单，效率高； 团队结构紧密	容易造成权力过于集中，决策风险加大； 成员与核心主导成员发生冲突时，通常会选择离开
网状	成员地位平等，有利于沟通交流； 面对冲突，容易达成共识，成员不会轻易离开	团队结构较松散，容易形成多头领导局面； 决策效率相对较低； 成员一旦离开，容易导致团队涣散
虚拟星状	不过于集权，又不过于分权； 核心成员具有一定威信，能够主持局面	核心成员主导力不足，对整个团队的控制力不足； 决策效率较低

创业过程是一个充满不确定性的过程，不同的创业团队各有特点，不存在优劣之分。创业者应该根据创业团队的实际现状，选择适合创业目标需要的创业团队，发挥出其优势，规避劣势，打造优秀的创业团队。

案例8.1

浙江某高校大四学生李某为杭州某网络科技有限公司创始人兼总经理。

刚走进大学，李某在社团招募中屡屡被拒，他认识到与人交际的重要性。为了突破这一点，他加入了学生会公关部。

一年的磨炼之后，李某已经可以独自一人到校外拉赞助，可以与陌生人很好地沟通，他创立了公共关系协会，并担任会长。每当学校举行重大活动，协会都会联系一些餐厅、奶茶店、考试机构等合作。

经过几次失败的创业后,李某与从事过网的肖某联合创办了网络科技有限公司,注册资金3万元,李某出资1.8万元,是最大股东。

公司的第一个客户是在四季青服装批发市场中找到的。刚进市场时,李某总被轰出来。他知道,必须先和商家热络起来。他把自己当作客户,进店先聊款式,问销售情况,再谈电商理念,让对方认为自己是个行家,才能接着谈。就这样,在市场里磨了几天,李某签下了第一单。这个客户,以前线下年销售额35万元,通过运作,新增线上销售年营业额达到了115万元。公司也挣到了10万元。

现在,公司股东从原来的2人增加到4人,正式员工已有8人,还有十多名兼职实习生,帮助服饰、箱包、小商品等领域的数十家客户实现了销售额大幅突破,如其中一家服装公司年销售额从2011年600万到2012年的1 100万。

李某不仅希望创造全新的网上商业模式,还希望提供更多的就业岗位。他认为,自己取得的成绩离不开整个团队,创业团队贵在精,每个成员都身兼数职,优劣互补,缺一不可。创业选好伙伴很重要!

8.2 创业团队的组建程序

1. 明确创业目标

创业团队需要同甘共苦,完成生命中最具挑战的事业,这需要强有力的驱动力将大家凝聚在一起,并长久地坚持下去,这个驱动力就是创业愿景。真正的团队愿景能够激发每个人的斗志,使全体成员紧紧地连在一起,淡化人与人之间的利益冲突,形成一股强大的向心力,推动整个团队前行。

确定创业目标需要明确创业阶段的目标,即创业阶段的技术、市场、组织、管理等各项工作,实现企业从无到有的突破。在总目标确定后,为了更好地推动目标的实现,需要对总目标进行细化,设定一系列可行的、阶段性的子目标。

2. 制订创业计划

在确定了一个个阶段性子目标及总目标后,接下来的工作是实现这些目标,这需要制订周密的创业计划。创业计划是在对创业目标进行具体分解的基础上,以团队为整体来考虑的计划,创业计划确定了在不同的创业阶段所需要完成的阶段性任务,以及达成任务的途径与方法,团队按照创业计划执行约定的步骤来实现最终的创业目标。

3. 招募团队成员

招募团队成员是创业团队组建中关键的一步,关于创业团队成员的招募,主要应考虑两个方面:

1) 考虑团队成员的互补性及其能否与其他成员在能力或技术上形成互补。创业团队至少需要管理、技术和营销三个方面的人才，这种互补既有助于强化团队成员间彼此的合作，又能保证整个团队的战斗力。

2）考虑团队规模。适度的团队规模是保证团队运转顺畅的重要条件，团队成员太少无法实现团队的功能和优势；而成员过多则可能会产生交流的障碍，团队可能会分裂成许多小团队，削弱团队的凝聚力。一般认为团队成员规模需要控制在 2~12 人之间，以四五个人为最佳。

4. 明确权责划分

为了保证团队成员坚定地执行创业计划，顺利开展各项工作，必须预先在团队内部进行职权划分，明确每个成员的职责和权限。划分权责时既要保证每个人能力的合理利用，又要避免职权的重叠交叉或无人承担。此外，由于创业过程中面临的环境动态复杂，会不断出现新的问题，团队成员可能会出现更换，因此团队成员的权责也应根据需要不断进行调整。

5. 构建制度体系

创业团队制度体系体现了创业团队对成员的控制和激励能力，主要包括团队的各种约束制度和激励机制。一方面，创业团队通过各种约束制度（主要包括纪律条例、组织条例、财务条例、保密条例等）指导成员避免作出不利于团队发展的行为，从而实现对团队成员的约束，保证团队秩序的稳定。另一方面，创业团队要实现高效运作需要有效的激励机制（主要包括利益分配方案、奖惩制度、考核标准、激励措施等），使团队成员看到创业成功后自身利益能得到保障，达到调动成员工作积极性的目的。创业团队的制度一旦协商同意，则应该以规范化的书面协议确定下来，以免带来不必要的混乱。

6. 团队的调整融合

运转顺畅的创业团队并非创业一开始就能建立，很多时候是随着创业团队的运作，团队组建时在人员匹配、制度设计、权责划分等方面的不合理之处逐渐暴露出来，团队对问题进行修正调整，当问题逐渐被完善后，展现在我们面前的才是一个初具规模的创业团队。团队问题的暴露是一个动态持续的过程，所以团队调整也是分阶段的动态过程。创业团队各阶段特征与调整重点见表8-2。

表8-2 创业团队各阶段特征与调整重点

阶段	特征与调整重点
形成期	初步形成创业团队的内部框架、建立创业团队对外工作机制
规范期	通过交流想法设定团队目标、成员职责、流程标准等规范性制度
震荡期	隐藏问题暴露，公开讨论，顺畅沟通，改善关系，解决矛盾
凝聚期	形成有力的团队文化、更广泛的授权与更清晰的权责划分
收获期	遇到挑战，提升团队效率解决问题，取得阶段性成功
调整期	对团队进行整顿，明确新阶段的计划、目标，优化团队规范

8.3 创业团队的管理

团队创业的成功率并不比个人创业高，其主要原因有两点：一是团队失败于决策分歧，二是团队困于利益冲突。有效的创业团队管理要解决决策分歧和利益冲突的问题，而这有赖于创业团队找到适合的结构模式。

1. 创业团队管理的特殊之处

创业团队的管理不同于工作团队的管理。

1）创业团队管理是缺乏组织规范条件下的团队管理。在创业初期，创业团队还没有建立起规范的决策流程、分工体系和组织规范，"人治"味道相当浓厚，处理决策分歧显得尤为困难。此时，团队成员之间的认同和信任尤其重要，但又很难在短期建立起来。因此，认同和信任关系取决于创业团队的初始结构。

2）创业团队管理是缺乏短期激励手段的团队管理。创业初期需要团队在时间、精力和资金等资源的高强度投入，但短期无法实现期待的激励和回报，不仅是因为没有资源，更主要的是对创业团队的回报以创业成功为前提。

3）创业团队管理是以协同学习为核心的团队管理。创业过程充满不确定性，需要不断试错和验证，并在此基础上创造、存储并组织知识和记忆。创业团队的协同学习，建立在团队成员之间在创业之前形成的共同知识和观念基础上，这仍取决于创业团队的初始结构。

核心创业者对团队成员的选择，决定了创业团队管理的基础架构，这是实现有效的创业团队管理的重要前提。

2. 创业团队的三维结构

创业团队可以从三方面入手来实施结构管理，分别是知识结构、情感结构和动机结构。知识结构反映的是创业团队成功创业的能力素质；情感结构是创业团队维持凝聚力的重要保障；动机结构则是创业团队实现理念和价值观认同的关键因素。

（1）知识结构管理

知识结构管理的核心，是建立以创业任务为核心的知识和技能的互补性，强调创业团队有完备的能力来完成创业相关任务。

谈到知识和技能的互补，《西游记》中由唐僧率领的取经团队被公认为是一支"黄金组合"的创业团队。四个人的性格各不相同，却又同时有着不可替代的优势。比如说，唐僧慈悲为怀，使命感强，有组织设计能力，注重行为规范和工作标准，所以他担任团队的主管，是团队的核心；孙悟空武功高强，是取经路上的先行者，能迅速理解并完成任务，是团队业务骨干和铁腕人物；猪八戒看似实力不强，好吃懒做，但是他善于活跃工作气氛，使取经之旅不至于太沉闷；沙僧勤恳、踏实，平时默默无闻，关键时刻他能稳如泰山、稳定局面。

（2）情感结构管理

情感结构管理注重年龄、学历等不可控因素的适度差异。中国文化注重层级和面子，如果创业团队之间年龄和学历因素差距过大，成员之间在混沌状态下发生冲突和争辩，很容易导致彼此感觉丢面子而演变为情感性冲突。一旦出现这种情况，创业团队将不得不把时间和精力浪费于沟通方式设计和内部矛盾化解，内耗大于建设，不利于创业成功。

（3）动机结构管理

动机结构管理的关键在于注重创业团队成员理念和价值观的相似性。如果创业团队成员之间的价值观不同，想做事业的成员可能不会过分关注短期收益，而怀揣赚钱动机的成员则不会认同忽视短期收益的做法。相似的理念和价值观有助于创业团队保持愿景和方向的一致，有助于创业团队克服创业挑战而逐步成功。

创业团队的结构管理是兼顾三方面结构要素的平衡过程。但是现实中，人们往往过分重视知识结构的互补性，而对于情感结构管理和动机结构管理重视程度不够，因此引发的问题往往会随时间而强化，一旦创业出现困难和障碍，往往会转变为创业团队的内耗和冲突。

3. 结构与过程互动

建立促进合作和学习的决策机制是发挥创业团队结构优势，进而成功创业的重要途径。创业事业能否继续下去，在很大程度上取决于核心团队成员能否看到其他人的长处，不断相互学习。具体而言，创业团队的互动过程建设应遵循的原则是：

1）建设合作式冲突的氛围和文化。创业团队成员间一定会有冲突，关键在于创业团队遵循一致目标，鼓励看到对方观点和建议的长处和价值，不要认为对方在挑战自己的权威。合作式冲突的氛围和文化往往能够充分调动每个人的潜能和专长，形成相对有效的决策方案和机制。

2）避免竞争式冲突。所谓竞争式冲突，即创业团队成员之间观点争论的目的并不是为了达成某种共识，而是固执地认为自己的观点正确，听不进去其他成员的观点。

3）创业过程既需要充分吸收多样性观点，又需要保证快速作出决策。听取成员观点并不意味着依从，关键在于整合。这需要营造成员充分发表看法和观点的开放性机制，同时又需要快速形成决策结果的集中性机制。

8.4 创业团队常见问题与解决方法

不同的创业者在共同的创业愿景鼓舞下，组成了创业团队，为共同目标而努力。但是随着创业进度的开展，团队成员会在资金筹集、利益分配、管理原则、发展方向上出现许多预料不到的问题，这些问题都可能影响到团队的发展。

8.4.1 创业团队常见的问题

创业团队存在的问题主要从创业理念、素质能力和团队合作三个方面体现，见表8-3。

表 8-3 创业团队常见的问题

问题类型	问题表现
创业理念	团队成员想法不一,各有所图; 团队成员心态不够好,准备不足或信心不足
素质能力	核心领导人的德和才不足以领导整个团队; 团队成员能力不足,结构不合理
团队合作	团队缺乏有效沟通机制,缺少合理的工作程序

8.4.2 创业团队常见问题的解决方案

1. 创业理念

在创业理念方面,创业团队经常碰到的具体问题就是团队成员想法不同或心态不好,直接表现为团队成员不稳定、意见不一致等问题。在创业初期,团队成员拥有共同的目标愿景比技能更加重要,通过共同的愿景,团队可以建立共同的事业目标,促进团队为目标而努力。但是实际上,创业团队成员往往都有自己的想法和观点,特别是团队中具备领导特质的人有两个或两个以上时,意味着团队存在着不稳定因素。这需要创业团队的所有成员都能非常清醒地认识到自身的优势和劣势,同时对其他成员的长处和短处也一清二楚,从而对整个团队的现状有清楚的认识。在此基础上团队可以避免各成员因为互相不熟悉、想法不一致而产生矛盾和纠纷,保证团队的向心力和凝聚力。很多创业团队的成员互相之间非常熟悉、知根知底,而正是因为这份熟悉的信任,帮助他们避免了很多问题,最终获得了成功。

2. 素质能力

现代大型企业往往实行职业经理人聘用制,但是在企业开创之初,一名具备领袖气质的领导人是不可或缺的支柱,他指引着整个创业团队的方向。这个领导人不单单需要具备团队管理能力和市场运作能力,更重要的是需要在团队成员中有着巨大的、无形的影响力,有着一呼百应的气势和号召力。很多创业团队在短时间内消亡,很重要的原因在于创业团队的带头人不是一名合格的领导者。

美国硅谷流传着这样一条"谚语":由两个博士组成的创业团队,是创业团队的保证。虽然有些夸大其词,却蕴含着一个道理,一个由研发、技术、市场、融资等各方面人才组成的优势互补团队,是创业成功的一大保障。创业团队建立时,需要考虑的重要问题就是成员之间的知识、资源、能力或者技术的互补,以便充分发挥个人的能力与优势,强化队员间的彼此合作,达到一加一大于二的效果。一般来讲,团队成员的知识、能力结构越全面合理,团队创业成功的可能性就越大。

3. 团队合作

创业团队往往是一群关系相熟的人基于共同的创业理念发展而来,但是在实际运作当中,往往也会遇到团队结构不合理,沟通不畅或做事、说法不一等情况。如果没有好的制度保证这些隐藏的问题能够进行反馈并得到解决,那么这些问题将很有可能在经过一段时间的潜伏后爆发,成为团队离心、解散的导火索。另外,团队创业很重要的一个问题就是利益分配,这需要在最初创业开始时,将团队中基本的责、权、利说清楚,尤其是股权、利益分配等原则问题,包括未来可能出现的增资、撤资、扩股、融资、人事安排及解散等事宜。这样企业在经过发展壮大后,才不会出现因为利益纠纷而产生团队矛盾,导致团队解散。

本章要点回顾

本章主要介绍创业团队的概念内涵、构成要素,组建创业团队的方法,以及如何对创业团队进行管理。本章包含四个小节,分别介绍了创业团队的概念、组建程序、管理技巧和策略,以及创业团队的常见问题与解决方法。拥有一支好的创业团队意味着拥有更加完善的创业计划,更加细致的分工合作,以及更加深厚的社会资源。这些是独立创业者所不具备的。不同的创业者在共同的创业愿景鼓舞下,组成了创业团队,为共同目标而努力。从创业团队创立开始,随着创业进度的开展,团队成员会在资金筹集、利益分配、管理原则、发展方向上出现许多预料不到的问题,这些问题都可能影响到团队的发展,因此需要采取相应的解决办法。

习题

1. 名词解释

(1) 创业团队;(2) 星状创业团队;(3) 网状创业团队;(4) 虚拟星状创业团队。

2. 简答题

(1) 简述创业团队组建需要经历的四个阶段。

(2) 简述三种类型创业团队的主要差异。

3. 思考题

通过本章的学习,分析案例中创业者获得成功的原因。

课后拓展

本章介绍了创业团队的组建,请结合本章内容谈谈你对李开复谈大学生创业时曾表示"创业最重要的不是点子,而是对时机的把握和拥有良好的团队"这一观点的看法。

第 9 章 商业模式

内容提要

商业模式是创业研究的一个重要领域,新创企业即使具备市场机会、商业创意、充足的资源和有才能的创业者等条件,也有可能遭受失败。其中一种可能的原因是企业商业模式选择不当。因此,我们需要系统了解商业模式的设计体系。本章主要介绍了商业模式的概念内涵、构成要素及商业模式分析设计工具——商业模式"画布";如何对商业模式进行分析应用和设计;创业计划与商业计划书撰写包含的内容。

学习目标

①掌握商业模式的定义及内涵;
②分清商业模式与其他战略、管理等模式的区别;
③了解并熟悉商业模式"画布"工具;
④掌握商业模式的分析应用设计方法;
⑤掌握创业计划与商业计划书的撰写。

9.1 商业模式的概念

9.1.1 商业模式的定义

商业模式是创业者创意开发的最终成果,体现出创业的战略价值和意义。它将价值创造与价值获取有机地结合起来,形成价值发生和获取两种机制在企业内部的平衡。因此,商业模式描述了企业如何创造价值、传递价值和获取价值的基本原理。

9.1.2 商业模式与企业战略、管理模式的关系

新创企业即使具备市场机会、商业创意、充足的资源和有才能的创业者等条件，仍然有可能遭受失败。一种可能的原因是驱动企业运作的潜在模式造成了这种结果。目前的情况是，商业界频繁而混乱地使用着商业模式这个概念，甚至将商业模式与其他相关概念等混为一谈。

1. 商业模式与企业战略

企业战略是企业如何运营的指导思想，它决定了企业长期的基本目标，以及为贯彻这些目标所必需采纳的行动方针和资源分配。

企业战略是企业应对环境、发展自己的策略，处理的是企业行动方向和行动策略的问题，其目的是实现外部环境、内部情况、财务目标三者的匹配。战略是企业商业模式和管理活动间的桥梁。企业战略的主要目的是发掘和培育竞争优势来源，因此对企业战略的整合实际就是对竞争优势来源的整合。

战略与商业模式之间应该是相互配合的。一般来说，在某个时段，企业只有一个商业模式，但可能同时存在多个战略。在现代商业竞争中，初创企业未必有战略，却一定要有商业模式；而企业遇到重大情况需要采取行动时，则必定需要战略。当商业模式趋同时，企业战略将决定企业成败；在环境相同、资源相近时，竞争胜负取决于商业模式。实际上，商业模式一直蕴涵于企业战略之中。从战略制定到战略实施必然要经历商业模式这个环节，商业模式既是战略制定的结果，又是战略实施的依据。企业在制定战略的时候必须要考虑商业模式的配套，在战略实施的时候将商业模式作为蓝图，在设计商业模式的时候考虑企业战略的目标和意图。

2. 商业模式与管理模式

管理模式是在管理人性假设的基础上设计出的一整套具体的管理理念、管理内容、管理工具、管理程序、管理制度和管理方法体系，并将其反复运用于企业管理，使企业在运行过程中自觉遵守的管理规则。

商业模式决定了相应的战略取向与实施路径。企业的管理模式与该战略不匹配，必将迫使企业管理模式做出相应的调整与改进。企业的商业模式与管理模式之间是辩证统一的关系，二者相互影响，相互支持。商业模式决定了企业的发展方向，是企业发展的灵魂；管理模式构成企业运营的基础框架，是企业的"骨骼"，对商业模式的贯彻实施起着基础性的支撑作用。没有商业模式的创新及有效发展，管理模式不可能获得长期持久的成功，因此缺乏管理模式的支持，商业模式的实施效率将会大打折扣，甚至失败。

9.2 企业常见的商业模式

商业模式涉及众多不同类型、不同行业的企业。

1. 互联网商业模式

互联网创新商业模式，如 B2B 模式、B2C 模式、C2C 模式、O2O 模式、社区模式、广告收益模式、电子市场模式等被陆续提出并付诸实践。互联网改变了传统经济的许多天然壁垒和约束，消除了时间和空间的限制，打破了原有的价值链，构建出新的价值网络体系，对传统企业和产业产生了巨大冲击，并产生了一批像腾讯、阿里巴巴、亚马逊这样的互联网企业。互联网商业模式意味着企业需要不断发现市场新需求，应用创新互联网技术，整合内外部资源，满足利益相关主体价值，为客户提供更多、更丰富的价值，吸引更多客户。

互联网商业模式具有以下特征：

(1) 客观性和主观性

互联网商业模式是基于互联网的商业活动及其运行规律的主要特征、属性、结构、规则等方面的凸现，具有客观性；同时，它又是一种理论解释或诠释结构，是人们的一种主观构建，并不反映互联网的商业活动或特定问题的全部，因而具有主观性。

(2) 能动性和被动性

能动性是指商业模式的提出、发展和运用必须依赖人的能动性的发挥，而被动性则是指任何商业模式都必须受到一定客观条件的约束。

(3) 多样性和系统性

互联网技术的普及导致许多基于互联网的商业模式出现，从早期的 B2B、B2C、C2C 到网络门户、垂直网站等，模式样式变化迅速，具有多样性；每种商业模式内部要素之间、商业模式之间、商业模式与环境之间又存在内在的联系，形成有机的相互关联的系统。

2. 互联网商业模式价值分析

(1) 经济价值

信息技术的飞速发展使得互联网为商业活动提供了新的空间，也改变了固有的劳动形式，管理和知识成为新的劳动形式，并提供了新的价值创造机会，生产力要素内涵得到扩展。在互联网商业环境下，生产力的构成要素表现为知识工作者、资本、知识、信息等，互联网商业模式通过一定的规则将这些要素联结在一起。知识工作者的劳动成果，包括专利权、著作权、数据库等则可以通过风险投资及融资活动以契约形式转换为资本形式，因此资本市场便可以评价互联网商业模式的经济价值。

(2) 组织价值

互联网和电子商务改变了企业组织的内外部环境，降低了企业内部的管理成本和企业组织间的交易成本，改变了企业与消费者之间的联系模式。在互联网商务环境下，多个独立的个人、部门和企业为了共同的任务组成联合体。它的运行不靠传统的层级控制，而是在定义成员角色和各自任务的基础上，通过密集的多边联系、互利和交互式的合作来完成共同追求的目标。在这个网络中，基本构成要素是众多由个人、企业内的部门、企业或它们混合组成的节点和节点之间的相互关系，每个节点之间都以平等身份保持着互动式联系，因而企业也就转化成了高效的扁平化和网络化组织。互联网商业模式为提高组织在网络环境下的适应性提供了多种可行的途径。

(3) 客户渗透价值

互联网商业模式的客户渗透价值体现在对企业的创新激励和由互联网对用户所创造的心理路径依赖两个方面。在市场竞争的过程中，有许多互联网商业模式被提出，一些不被市场接受很快就被否定，而成功的商业模式则得到了丰厚的回报。这样就形成了一种对创新进行奖励的市场机制，建立了良好的预期效果，也进一步强化了激励模式。而用户在长期使用的过程中会固化浏览行为，形成对特定网站的偏好，这些都会对人的行为和价值判断产生或多或少的影响。

成功的企业必须时刻关注市场的变化，根据市场环境不断创新商务模式。互联网消除了时间限制和空间距离，为商业模式创新开辟了广阔空间和自由度，促进了商业交易的新方式，为商业模式提供了更多的表现形态。此外，企业所处的商业生态网络越来越复杂，利益相关者和价值网络形态逐渐多样化，互联网商业模式需要不断创新。

3. 云计算商业模式

云计算商业模式能相对集中和统一地存储及管理用户的数据。它是一种对信息资源的集中式管理，并且提供给大家一种统一的使用方法（云计算服务）。这些服务，用户可以按需使用，根据使用的数量付钱，不使用不付钱。

集中的数据存储和统一的云计算服务部署及运营使得用户能接触到的云服务具有更新快、种类多、使用方便、便宜、便捷等特点。

除此之外，云计算商业模式中心主管着用户的基础数据及所能使用的服务，因而对用户数据的安全性的保护及服务提供的质量起决定性的作用。这种网络服务方式将提供开拓更大市场的机会。

从商业模式的角度来看，云计算商业模式可具体区分为以下类别，如图 9-1 所示。

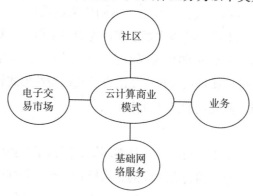

图 9-1 云计算商业模式分类图

1）以社区为特点的云主要提供社区云服务，如博客群等。未来的云计算，将给用户提供更多更广泛的社区类云服务。

2）以业务为区分的云。不同的应用领域将诞生不同类型的云，如在线 ERP 服务等，未来将有更多的类似于 SAAS 的行业软件服务出现。

3）基础性网络服务，如文档的存储管理等，还有搜索引擎提供的服务。这些服务加入了云计算的特点之后，将充分挖掘用户的信息，并提供更为优质的云计算商业模式。

4）电子交易市场，如苹果的软件商店。这类平台提供了基础的交易模式，并为用户的资金和商品提供一定的管理手段、营销手段，将成为未来最重要的云计算商业模式之一。

4. 物联网商业模式

物联网指的是将各种信息传感设备与互联网结合起来而形成的一个巨大网络，达到物品自动识别和信息的互联、共享、处理、聚合的目的。物联网是战略性新兴技术，是引导经济社会发展的重要力量。物联网作为新一代信息技术，其技术特征、用户行为和产业结构等方面不同于以往的信息技术，必将要求构建新的商业模式与之适应。物联网包括感知层、网络层、应用层三部分。

物联网召唤着新的商业模式，电信运营商将在其中扮演起推动龙头的作用。纵观国外电信运营商与中国三大电信运营商在物联网领域的商业模式发现，由中国电信运营商主导的物联网产业可能存在四种商业模式。

（1）间接提供网络连接

由系统集成商租用电信运营商网络，通过整体方案连带通道一起向用户提供业务。这是目前使用较多的商业模式。这种情况基于物联网应用，都是个体内部实现，且实现物联网应用企业相对比较专业，需要由行业内专业的系统集成商提供服务，特别是行业壁垒高、对应用要求复杂的行业更需要系统集成商的存在。

（2）直接提供网络连接

由电信运营商向使用业务的企业客户直接提供通道服务。目前中国移动、中国电信在电力、金融等行业的业务开展基本以提供数据通道包月或按流量计费方式进行。

（3）合作开发独立推广

运营商与系统集成商合作，系统集成商负责开发业务，电信运营商负责业务平台建设、网络运行、业务推广及收费。

（4）独立开发独立推广

电信运营商自行搭建平台开发业务，直接提供给客户。这种模式对运营企业初期投入要求较高，所以采用这种方式的企业还较少。

5. 制造商商业模式

制造商、品牌商、经销商、终端商，都有自己比较独特的商业模式。目前，制造商商业模式主要有如下六种形式。

（1）直供商业模式

直供商业模式主要应用在一些市场半径比较小、产品价格比较低或者流程比较清晰、资本实力雄厚的国际型大公司。该模式需要制造商具有强大的执行力，现金流状况良好，市场基础平台稳固，具备市场产品流动速度很快的特点。但是随着市场竞争的加剧及新技术新理念的迭代，即使强大如"可口可乐""康师傅"等跨国企业也开始放弃直供这种商业模式。只有利润比较丰厚一些的行业与产业，如白酒行业会选择直供商业模式，很多酒业公司在当地市场上均具备一定的实力与良好的基础。

(2) 总代理制商业模式

这种商业模式为中国广大的中小企业所广泛使用。由于中国广大的中小企业在发展过程中面临着两个最为核心的痛病，其一是团队执行力比较差，二是资金实力不强，所以他们可以通过这种方式完成最初原始资金的积累，实现企业快速发展。

(3) 联销体商业模式

很多比较有实力的经销商为了降低商业风险，选择与企业进行捆绑式合作，即制造商与经销商分别出资，成立联销体机构，这种联销体既可以控制经销商的市场风险，也可以保证制造商始终有一个很好的销售平台。食品行业的龙头企业"娃哈哈"就采取了这种联销体的商业模式；"格力"空调也选择了与区域性代理商合资成立公司共同运营市场，取得了不错的市场业绩。

(4) 仓储式商业模式

很多强势品牌基于渠道分级成本低、制造商竞争能力大幅度下降的现实，选择仓储式商业模式，通过价格策略打造企业核心竞争力。仓储式商业模式使企业拥有自己的销售平台，通过自己的销售平台完成市场配货功能。

(5) 专卖式商业模式

随着中国市场渠道终端资源越来越稀缺，越来越多的中国消费品企业选择专卖形式的商业模式，如"五粮液"提出的全国两千家专卖店计划，"蒙牛乳业"提出的"蒙牛"专卖店加盟计划等。专卖店商业模式受到一些现实条件的制约。其一是品牌，选择专卖商业模式的企业基本上具备很好的品牌基础，市场认知比较成熟；其二是产品线比较全，专卖店产品结构需合理，企业必须具备比较丰富的产品线；其三是消费者行为习惯，专卖商业模式需要成熟的市场环境。

(6) 复合式商业模式

复合式商业模式是一项基于企业发展阶段而作出的策略性选择。但是一般情况下，无论多么复杂的企业或市场，都应该有主流的商业模式，而且企业的组织建构、人力资源配备、物流系统、营销策略等都应与之相匹配，这样才能建立成熟的商业模式。

6. 农林产品商业模式

农林产品的商业竞争越来越激烈，产品和服务在市场中的同质化现象较为严重。

1) 和供应商的议价能力低。农业企业的上游供应商多为高度分散的农民，他们对价格敏感度高，因此企业无法建立稳定的供应商体系。

2) 和购买者的议价能力低。农业企业的下游客户多为消费者，他们的品牌忠诚度低、对价格的敏感度高。而企业的品牌建设投入大，进入销售渠道特别是商超的成本高，资金占压严重。

3) 新进入者的威胁。从市场进入壁垒看，中国农业资源高度分散，农地资源流转政策法规不健全，导致同行业的竞争对手众多。

4) 替代品的威胁。农产品的种类众多，消费者的热点不断转换，农产品的价格波动大。

5) 行业内现在竞争者的竞争。农业企业面对不利的竞争环境，既要准备大量的农产品收购资金，又要巨资投入养殖、屠宰、加工、仓储、物流等设施，建立稳定的原料基地和生产加工基地。从经营风险角度，农业企业要面对气候、疫情及上游农产品原料价格的波动，无论是企业自身还是投资者，都存在压力大、回报低的情况。

随着农林产业企业经营环境的日趋复杂，农林企业的核心竞争力已成为企业经营成功的关键因素，而农林企业的核心竞争力就是其独特且难以被复制的商业模式。

案例9.1

深加工的产品，不仅附加值高，往往也具有更强的抗风险能力。某农产品深加工企业通过这一方式来应对价格波动的。该企业的原材料成本占销售总成本的77%~87%。企业通过以下三种方式，降低原材料的成本，来应对价格波动。

1) 产品深加工。开发深加工产品枣干和枣片，原材料成本占比分别降低到65%和27%。

2) 产品高端化。新疆是我国的高端红枣产区，虽然采购价格高，但毛利率更高。例如，公司以每公斤25元所收购的红枣，毛利率通常为25%；而以每公斤35~40元收购的红枣，毛利率则超过了30%。

3) 自建基地，平滑价格波动。公司在2011年自建的生产基地已经超过5 000亩，2012年将再增加1 000亩。

企业通过对产品进行深加工，提高了产品的附加值。

9.3 商业模式的构成

商业模式像一个战略蓝图，可以通过企业组织结构、流程和系统来实现它。通过九个基本构造块就可以很好地描述并定义商业模式，展示企业创造收入的逻辑。

1. 客户细分

客户是所有商业模式的核心，没有客户，企业也就无法存活。为了更好地满足客户，企业可能把客户分成不同的细分区隔，每个细分区隔中的客户具有共同的需求、共同的行为和其他共同的属性。在对客户群体做出细分后，企业应决定自己服务于哪些客户细分群体，然后根据目标细分客户群体的特定需求设计相应的商业模式。

当客户群呈现以下区别的时候，则可以体现为独立的客户细分群体：

1) 需要和提供明显不同的提供物（产品/服务）来满足客户群体的需求；
2) 客户群体需要通过不同的分销渠道来接触；
3) 客户群体需要不同类型的关系；
4) 客户群体的盈利能力（收益性）有本质区别；
5) 客户群体愿意为提供物（产品/服务）的不同方面付费。

2. 价值主张

价值主张构造块用来描绘为特定客户细分群体创造价值的系列产品和服务。

价值主张是客户转向一个公司而非另一个公司的原因，它解决了客户困扰或者满足了客户需求。每个价值主张都包含可选系列产品或服务，以迎合特定客户细分群体的需求。在这个意义上，价值主张是公司提供给客户的受益集合或受益系列。有些价值主张可能是创新的，表现为一个全新的或破坏性的提供物（产品或服务），而另一些可能与现存市场提供物（产品或服务）类似，只是增加了功能和特性。

价值主张通过迎合细分群体需求的独特组合来创造价值。价值可以是定量的（如价格、服务速度）或定性的（如设计、客户体验），具体要素见表9-1。它主要聚焦于解决以下问题：

1) 该向客户传递什么样的价值？
2) 正在帮助客户解决哪一类难题？
3) 正在满足哪些客户需求？
4) 正在提供给客户细分群体哪些系列的产品和服务？

表9-1 价值主张要素

编号	要素	描述
1	新颖	满足客户从未感受和体验过的全新需求
2	性能	改善产品和服务的性能
3	定制化	定制产品和服务以满足个别客户或群体的特定需求
4	完善	帮客户做好事情，简单创造价值
5	设计	设计优秀的产品，脱颖而出
6	品牌	客户通过使用和显示某一特定品牌而发现价值
7	价格	更低的价格提供同质化价值
8	成本	帮助客户削减成本

3. 渠道通路

渠道通路构造块用来描绘公司如何沟通、接触其客户细分群体而传递其价值主张。

（1）渠道通路功能

沟通、分销和销售渠道构成了公司相对客户的接口界面。渠道通路是客户接触点，它在客户体验中扮演着重要角色。渠道通路包含以下功能：

1) 提升公司产品和服务在客户中的认知；
2) 帮助客户评估公司价值主张；
3) 协助客户购买特定产品和服务；
4) 向客户传递价值主张；
5) 提供售后客服支持。

(2) 渠道的阶段

渠道具有认知、评估、购买、传递和售后五个不同的阶段，每个渠道都能经历部分或全部阶段。我们可以区分直销渠道与非直销渠道，也可以区分自有渠道和合作伙伴渠道。在把价值主张推向市场期间，发现接触客户的正确渠道组合至关重要。这一要素要求我们关注：

1) 通过哪些渠道可以接触客户细分群体？
2) 现在如何接触客户？渠道如何整合？
3) 哪些渠道最有效？哪些渠道成本效益最好？
4) 如何把渠道与客户的例行程序进行整合？

渠道管理的诀窍是在不同类型渠道之间找到适当的平衡，并整合它们来创造令人满意的客户体验，同时使收入最大化。

4. 客户关系

客户关系构造块用来描绘公司与特定客户细分群体建立的关系类型。企业应该弄清楚希望和每个客户细分群体建立的关系类型。客户关系可以被客户获取、客户维系、提升销售额（追加销售）等几个动机所驱动。商业模式所要求的客户关系深刻地影响着全面的客户体验。客户关系可以被分成几种类型，他们可能共存于企业与特定客户细分群体之间，见表9-2。

客户关系要素要求我们关注：每个客户细分群体希望我们与之建立和保持何种关系？哪些关系我们已经建立了？这些关系的成本如何？如何把它们与商业模式的其余部分进行整合等问题。

表9-2 客户关系类型分类

编号	客户关系	描述
1	个人助理	人与人之间的互动
2	专用个人助理	为单一客户安排专门的客户代表
3	自助服务	为客户提供自助服务所需的条件
4	自动化服务	客户自助处理
5	社区	通过在线社区建立关系
6	共同创作	企业和客户共同创造价值

5. 收入来源

收入来源构造块用来描绘公司从每个客户群体中获取的现金收入（需要从创收中扣除

成本）。如果客户是商业模式的心脏，那么收入来源就是动脉。企业必须问自己，什么样的价值能够让各客户细分群体真正愿意付款？只有回答了这个问题，企业才能在各客户细分群体上发掘一个或多个收入来源。每个收入来源的定价机制可能不同，例如固定标价、谈判议价、拍卖定价、市场定价、数量定价或收益管理定价等。

一个商业模式可以包含两种不同类型的收入来源：

1）通过客户一次性支付获得的交易收入；

2）经常性收入来自客户为获得价值主张与售后服务而持续支付的费用。

6. 核心资源

核心资源构造块用来描绘让商业模式有效运转所必需的最重要因素。每个商业模式都需要核心资源，这些资源使得企业组织能够创造和提供价值主张、接触市场、与客户细分群体建立关系并赚取收入。不同的商业模式所需要的核心资源也有所不同。核心资源可以是实体资产、金融资产、知识资产或人力资源；既可以是自有的，也可以是公司租借的或从重要伙伴那里获得的。具体说来，核心资源可分为实体资产，如生产设施、不动产等；知识资产，如品牌、专利和版权等；人力资源及金融资产等。

7. 关键业务

关键业务构造块用来描绘为了确保其商业模式可行，企业必须做的最重要的事情。任何商业模式都需要多种关键业务活动。这些业务是企业得以成功运营所必须实施的最重要的动作。正如核心资源一样，关键业务也是创造和提供价值主张、接触市场、维系客户关系并获取收入的基础，而关键业务也会因商业模式的不同而有所区别，例如对于微软等软件制造商而言，其关键业务包括软件开发；而对于麦肯锡等咨询企业而言，其关键业务包含问题解决。

企业的关键业务分为制造产品、解决问题和平台/网络等类别。事实上，前面所叙述过的要素诸如价值主张、渠道通路、客户关系及收入来源等都需要思考其需要哪些关键业务。

8. 重要合作

重要合作构造块用来描述让商业模式有效运作所需的供应商与合作伙伴的网络。企业会基于多种原因打造合作关系，合作关系正日益成为许多商业模式的基石。很多公司创建联盟来优化其商业模式、降低风险或获取资源。

（1）合作关系的类型

合作关系可以分为以下四种类型：

1）在非竞争者之间的战略联盟关系；

2）在竞争者之间的战略合作关系；

3）为开发新业务而构建的合资关系；

4）为确保可靠供应的购买方-供应商关系。

（2）创建合作关系的动机

以下三种动机有助于创建合作关系：

1）商业模式的优化和规模经济的运用；

2）风险和不确定性的降低；

3）特定资源和业务的获取。

9. 成本结构

成本结构构造块用来描绘运营一个商业模式所产生的所有成本，以及在特定的商业模式运作下所引发的最重要的成本。创建和提供价值、维系客户关系及产生收入都会引发成本。这些成本在确定关键资源、关键业务与重要合作后可以相对容易地计算出来。然而，有些商业模式，相比其他商业模式更多的是由成本驱动的。

成本结构包括固定成本、可变成本、规模经济及范围经济。在每个商业模式中成本都应该被最小化，低成本结构对于某些商业模式来说比另外一些更重要。

9.4 商业模式"画布"

1. "画布"的概念

商业模式的九个要素构造块组成了构建商业模式便捷工具的基础，即商业模式"画布"。这九个构造块包括客户细分、价值主张、渠道通路、客户关系、收入来源、核心资源、关键业务、重要合作和成本结构，如图9-2所示。

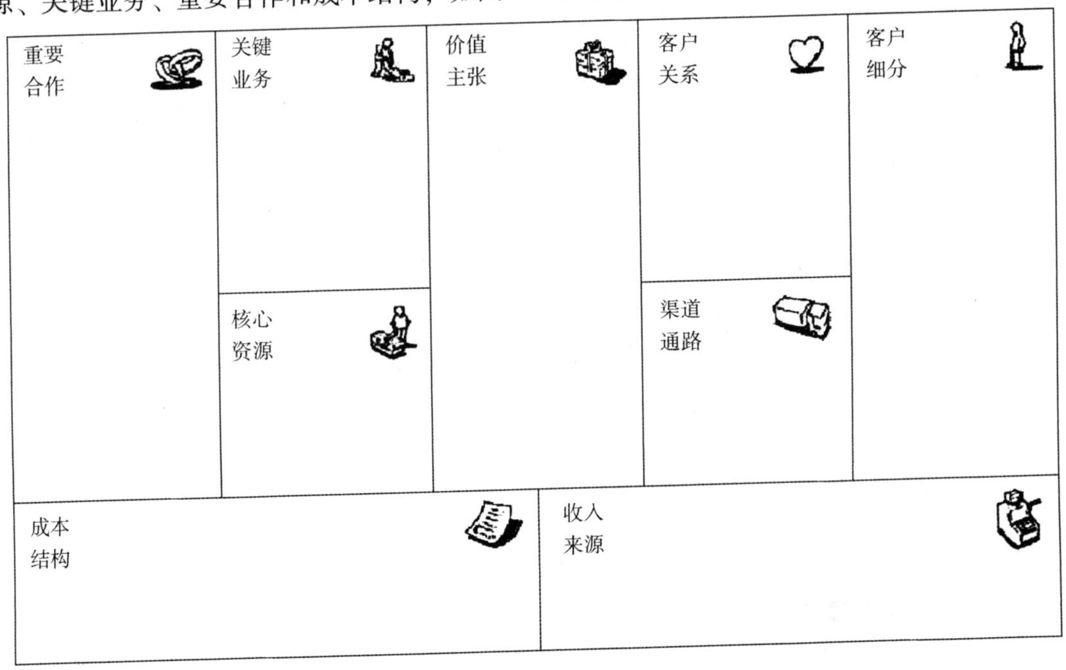

图 9-2 商业模式"画布"

商业模式"画布"是一种用来描述、可视化、评估和改变商业模式的通用语言。它所提供的框架可以作为一种共同语言，让使用者更方便地描述和使用商业模式，也可以用来构建新的战略性替代方案。如今商业模式创新不断涌现，新的商业模式正在成为传统商业模式的挑战者，同时，传统商业模式也在挣扎着重塑自己。商业模式"画布"就是通过设计一种简洁易懂的可视化版式，展示商业模式创新的核心内容。

2. 商业模式"画布"的四个视角

商业模式"画布"主要覆盖了四个方面的内容，即产品服务、客户、基础设施基本设备及财务生存能力，它们对整个商业模式的设计有着关键性的价值和意义。

1）提供什么产品、服务？
2）为谁提供？
3）如何提供？
4）成本、收益是多少？

另外，在设计的过程当中可以将其分为九个具体的模块来进行构造，以加强和客户之间的联系，保证设计的基本原则。商业模式"画布"将商业模式分割成九个相互独立而又相互影响的模块，创业者可以根据实际需要按照风险从高到低依次对它们进行系统测试。

3. 商业模式"画布"的实际应用价值

（1）制作迅速

与写商业计划书需要几周甚至几个月的时间相比，只需要一个下午就能利用商业模式"画布"工具大致描述出多种不同的商业模式。制作这些单页商业模式图表需要的时间较少，这使得新的商业模式创意的形成更为迅速。

（2）内容紧凑

商业模式"画布"工具的使用将提醒使用者谨慎措辞，尽量做到简明扼要。借此还可以提升并提炼自家产品核心竞争力的能力，即促使商业模式设计者在最短的时间内抓住商业模式的核心和重点。

（3）方便携带

商业模式"画布"使得商业模式只需要放在一页纸上，便于和他人进行分享和讨论，这意味着它的曝光率将会更高，能够得到不断的修改，从而日趋完善。

当商业模式被视为一个产品的时候，更能够提高效率。这不但可以让商业模式变得完整，而且可以使用那些久经考验的产品开发方法来经营公司。

9.5 商业模式创意应用设计

9.5.1 创意想法的描述

1. 创意的内涵

商业创意是商业活动中关于投入产出方式的新颖意图，产生于不确定问题的直观判断，由创业者的愿景和意志所推动，围绕企业的建立和运作而展开。

创意的本质是捕捉满意和快乐。星巴克创始人舒尔茨曾说："我们所创造的公司是一家既具有和谐环境，又能够让我的顾客享受咖啡和体验，同时又能够为家人、朋友提供交流的平台。我们将其称之为在家和公司之外的第三空间。由于这个是全世界所有顾客都需要的，因此我们所开的店将不断地重复这一价值理念。星巴克不仅售卖产品和服务，也售卖思想和文化，这正是星巴克的独特之处。"

创意是对商业活动中不确定性问题的一种独特处理方式，它引导着商业模式的变化和商业利润的产生。同时，创意对于一整套的商业行为来说只能算是一个开始，创业者通过把握市场机会、开发资源价值、构建产权契约等环节将创意一步步体现出来，这样创意才能利用市场机会创造价值，实现经营利润。

2. 创意描述对创业的重要性

创业意味着创新和变革，创新性的创意商业实践可以在转变经济增长方式的同时增强竞争力。当一种创意性的想法被发现后，它可以被转换开发成为创新产品。以拖把这种日常清洁用品为例：过去人们习惯于用拖把和清水拖地，但为"宝洁公司"设计家居清洁产品的公司研究发现，拖把上的水实际上更容易使脏物四处散落，而干抹布却能把尘土都吸附起来，这是静电吸引的原理。这一发现帮助"宝洁公司"开发了静电除尘拖把。从创新经济的设计角度来说，这就是一个转换典范。现在这种拖把已成为"宝洁公司"价值超过10亿美元的品牌。创意作为创新的主流含义越来越突出：从创新的内容来看，创意更强调创新的人文内涵，创新不仅是针对中间生产手段和工具的技术创意，还是对人的意义和价值的创造性响应；从创新的方式来看，一方面强调创意是原生态的创新，另一方面则强调创意是"活"的创新。

3. 与商业创意有关的因素

商业创意与市场机会、资源开发、产权契约相关。

(1) 商业创意与市场机会相关

市场机会是指具有购买力而又未被满足的需求。创业中的机会问题包括三重含义：机会的产生、发现和利用。机会的产生，来自市场参与者之间的知识分散性；机会的发现，与人们的经验能力和社会角色相关；机会的利用，需要处理一系列生产经营活动问题。创业者的作用在于，以其特殊的知识结构、机会认知、行为风格，推动资源整合和产权重组，从而实现商业效益。由于面对消费需求提出某种满足方式并加以实施时，必须处理一系列不确定性问题，因此要求创业者进行商业创意。

(2) 商业创意与资源开发相关

所谓资源，是指有价值的存在物。资源的价值来自其属性，具有很大的主观性。创业中的资源问题，主要是资源属性的效用开发和利用方式问题。如果能够发现资源的新属性，或者发现资源属性的新组合方式，从而带来经济效益，就有可能吸引他人投资。在此过程中，资源使用方式的创意、资源使用权的获取、资源配置方式的实现等，存在着大量的不确定性问题，这需要创业者进行商业创意。

(3) 商业创意与产权契约相关

产权是指对财产关系的界定。创业者进行机会利用和资源开发都涉及人们之间的产权关系调整，包括吸引投资、人员分工、协调分配等。由于机会利用和资源开发的创意前景往往是模糊和难以预期的，既不能通过市场进行转让，也不能进行测量，只能以创立生产经营组织的方式加以实现，因此构建企业契约是创业活动的一项基本任务。在投入产出不确定的情况下，合理地调整产权关系、防范机会主义、构建企业契约，需要创业者进行商业创意。

所以，商业活动存在大量的不确定性问题，这些都需要创业者发挥主观能动性来解决，因而存在着商业创意的现实要求和广阔空间。

4. 商业创意的描述

创业者将商业创意转变为创业企业之前必须对商业创意进行可行性分析，其目的是评估商业创意的优缺点以帮助创业者判断某一创意是否切实可行。商业创意可以从产品、产业与市场、创业团队、财务四个方面予以考量，以确定商业创意是否值得被发展为一个企业。

商业创意的描述可以从以下五个方面加以展开：

1）以投入产出意图为基础，这是商业活动的特点，能够把商业创意与其他领域的创新区分开来；

2）以不确定性问题处理为内容，这是商业创意活动的特殊情景，能够把它与一般商业决策区分开来；

3）以直观经验判断为形式，这是商业创意的主观行为特征，能够把它与商业活动中的理性分析和选择区分开来；

4）以愿景和意志为动因，界定商业创意行为的动力，把它与仅以认识为依据的行动区分开来；

5）以企业的建立和运行为目标，界定商业创意的效果，把成功与不成功的商业创意区分开来。

9.5.2 商业模式的要素

商业模式并不是一成不变的，应随着市场需要、产业环境、竞争形势的变化而不断调整。因此，建立成功的商业模式是创业过程中最具价值潜力的环节。创业者在设计商业模式时，需要对自己所设计的商业模式各项要素进行描述，这样既方便自己分析，也便于其他人对该商业模式的理解，更有助于设计者把控整个商业模式的走向。好的商业模式的构成应该满足以下两方面的要求：一是简洁、高效，力争把构成要素减少到最低限度，避免重复；二是全面，避免以偏概全。描述商业模式的要素时要注意既突出重点，又关注商业模式各个部分的配套与完善。

（1）进行客户的洞察

在市场研究之上下足功夫，加大投入的力度，并且投入大量的精力和人力，重点改进服务和设计产品的质量，保证商业模式可以符合客户的要求和设计的观点。从客户的角度出发来对待商业模式，寻找到全新的设计机会。但是这并不意味着要按照客户的思维来进行商业模式的设计，而是在评估的阶段中，将客户的思维融入进来，进行必要的改进和调整，运用一种创新性的思维，深入理解客户的意图，包含日常事务和环境等。

（2）创意的构思

一种全新的商业模式需要进行大量的创新和构思，并且从众多的商业模式设计理论当中，精心挑选出最为恰当和最为适宜的设计方案，这一个过程是一个极富有创造性的过程，可以不断地收集新奇的意图和设计的理念，将创意构思的过程采取多种多样的形式，扩展搜索的关键词，筛选关键性的问题，运用团队来对创意进行挑选，并且最终完成原型的制作。

（3）可视性思考

这一点对于商业模式设计而言不可或缺，在相关工作当中，运用草图、图片、幻灯片、便利贴或图表等形式，将创意思维表现出来，并且将各种复杂的概念重新组合在一起，创造出一个更加具有创造性的商业模式。在设计的过程之中，可以运用便利贴和商业模式相互结合的"画布"，进行描绘，便利贴可以增加创意的内容，并且可以在不同的创意模块之间进行自由的移动；绘图往往比便利贴更加有效，图画及草图在多个方面都可以发挥出巨大的作用和效应，而最为简单的方式是商业模式的设计以及简单图画的描绘。

（4）制作商业模式原型

原型制作主要是来源于工业设计领域，在设计之中，并不是将商业模式的原型当成一种商业模式设计的草图来进行描绘，而应该将其作为一种思维的基本模式，帮助人们更加深入地展开探索，摸索出商业模式设计的最佳方向，保证方案设计的合理性与科学性。原型的制作，应该是一种可以进行辅助式思考的工具，可以帮助人们对商业制作的本质有更加深刻的了解，并且通过商业模式的原型制作，保证创意更加具有灵活性的特征。此外，还需要根据客户的需求进行情景的推测，在原有的设计基础之上，将抽象的概念变得具体，重现设计的情景和流程，进而引导在商业模式设计当中做出最为恰当的抉择。

9.5.3 商业模式的描述

商业模式运用得当，会迫使管理者缜密思考自己的各项业务。商业模式作为规划工具的最大优点就是：把注意力集中于将系统内所有元素都协调成为一个有效的整体。因此，创业者在完成一个商业模式的设计后，应当能准确地、精炼地描述模式，传递它所蕴含的商业价值。

1. 描述企业提供物（产品/服务）

企业的价值主张位于一个商业模式最核心的地位。商业模式的价值主张是指企业要解决什么问题（即客户需求），以及需求的强烈程度。即便目标客户有需求，还需要凸显企业的独特价值。模式需要考量企业能否提供被客户所接受的独特、清晰、简明的价值主张，以及这样的客户价值是否能够超越客户期望的性价比。如果模式所主张的价值主张不符合市场需求，那么再好的资源及渠道也不可能为企业带来持续的盈利，这样的商业模式也只能是无源之水，不能持久。而价值主张直接体现在企业所提供的产品和服务上。描述企业价值主张即是对公司的系列产品和服务给出总的看法。

2. 描述企业为谁提供价值

企业的价值主张是为目标客户所提供的，即企业需要在商业模式中明确自己的目标客户：目标客户是谁？客户群体有多大？客户群体的增长空间有多大？客户对企业所提供的价值主张有多大的需求？依赖性又有多大？

3. 描述企业如何接触其客户

描述如何接触客户即描述与客户沟通和联系的渠道。渠道通路是企业的价值主张和目标客户之间的桥梁，它说明了企业如何将自己的商品或服务传递给目标客户，并且促使客户接受企业的价值主张。

4. 描述企业建立的各种关系

在描述企业建立的关系时，需要注意以下事项：一是企业目标客户群体与企业之间的关系；二是理清企业已建立并运行良好的商业关系网络；三是企业在运营维护这些关系时所花费的成本；四是企业将这些关系与之所涉及的商业模式的融合。

5. 描述企业如何赚钱

一个好的商业模式的盈利设计需要符合市场实际，并且富有弹性，这样企业就存在可预期的实际盈利，也意味着企业将来是可以赚钱的。模式中的盈利设计包括价值获取、战略定价和目标成本规划。企业要想赢利，在用户需求既定的状态下，用户不仅是企业的目标用户，还应具有较强的消费能力，能为企业带来盈利。描述企业如何赚钱，不仅需要描述清楚企业靠哪种方式赚钱，还需要描述清楚哪种盈利方式对企业当下的情况是有利的，企业如何做才能让未来会更好等。创业者需要思考该种商业模式能够获得的商业价值是多大。盈利应该来源于客户价值的创造，通过商业模式可以有效改善企业的显性及隐形资产的状况。

6. 描述需要什么样的资源与能力

企业的资源可以来自企业内部，也可以来自企业外部。不同的商业模式意味着需要不同的资源和能力。企业需要什么样的资源及如何获取这些资源关系着企业组织能否实现自己所提出的价值主张并盈利。描述资源与能力时，包括资源的类别、来源、获取及成本等方面都应予以关注。

7. 描述需要什么样的业务

描述企业商业模式所涉及的关键业务时可以分为以下几类：制造产品、问题解决和平台/网络。制造产品涉及生产一定数量或满足一定质量的产品，与设计、制造及发送产品有关。问题解决业务指的是为个别客户的问题提供新的解决方案，比如咨询公司。而平台/网络则是以平台为核心资源的商业模式，其关键业务都是与平台或网络相关的，此类商业模式的关键业务与平台管理、服务提供和平台推广相关。

8. 描述商业模式所涉及的合作伙伴

好的商业模式需要关注其利益相关者之间的关系，如果让利益各方都能获得利益，而且分配合理，那么这个商业模式在较长一段时间内是可持续的。不过商业模式不可能总是固化的，随着发展的深入，用户的很多需求会逐渐衍生出来，这时企业需要考虑商业模式的创新。没有一个商业模式是完美的，因为消费者的需求、渠道（代理或经销）的需求、供应商的需求等都是在不断变化的，很难保证一个商业模式能一直让利益各方都满意。

9. 描述商业模式的成本

成本结构事关企业能否存活，无疑是一个重点。每种商业模式都渴望将自己的成本最小化，利益最大化。但是不同成本结构对不同的商业模式有着不同的意义，在描述商业模式的成本时，应该注意到这一点。

9.5.4 商业模式的检验

商业模式的检验是商业模式设计的重要环节，具体来说，一个商业模式是否可行可以通过两种方式予以检验：一是实验室检验，二是实践检验。前者始于描述，后者终于数据。一个商业模式不能通过检验，要么是因为没有通过描述检验，比如价值主张没有意义，模式不符合经济逻辑，或者业务本身不能为客户创造价值等；要么是因为没有通过数据检验，比如损益与预期不符，持续亏损等。

1. 实验室检验

实验室检验商业模式的方法主要是通过团队描述、专家（相关人员）予以分析和评价来实施。通过这种团队描述、专家（相关人员）评分的方式，可以达到"旁观者清"的效果，不仅对商业模式起到检验的效果，也有利于商业模式的修正和完善。

对组成部分的评价见表9-3。

表9-3 商务模式的评价——对其组成部分的衡量

组成部分	问题	评价得分（或以高/低判断）
定位	公司的竞争力：竞争、顾客、原料补给、供应商、潜在进入者、替代产品等	
客户价值	公司提供的客户价值：与竞争者相比	
客户范围	市场的成长速度：市场份额、产品替代威胁等	
定价	产品或服务的定价是否合适	
收入来源	利润率和市场份额所占比例及增幅	
关联活动	活动是否相互支持并适应企业发展	
实现	公司团队水平的高低	
能力	公司的能力是否独特、是否难以模仿、是否向其他产品市场扩展	
持久性	公司能否保持并扩大在行业中的领先优势	
成本结构	公司的成本结构	

2. 实践检验

利润的重要性不仅在于其本身，还在于能证明商业模式是否行得通。实践是检验真理的唯一标准。对于一个企业来说，如果没能达到预期的目标，商业模式的设计者就应该重新检查商业模式。因此，商业模式的设计过程是科学方法在管理上的应用，从一个假设开始，在实施过程中检验，并在必要时加以修订。商业模式的实践检验包括市场占有率、市场增长率、企业盈利、品牌影响力及客户口碑等各个方面。实践检验意味着商业模式必须能承受住激烈的市场竞争的试炼。如果企业最终在市场竞争中失败，则理论上再完美的商业模式也是不能通过检验的。

9.6 创业计划与商业计划书撰写

创业计划与商业计划书是创业过程中必不可少的，详尽的创业计划和商业计划书如同业务发展的指示图，会时刻提醒创业者应该注意的问题和需要规避的风险，并最大限度地帮助创业者获得来自外界的帮助。好的创业计划和商业计划书是衡量创业者未来业务发展的标准。

9.6.1 创业计划的概念、特点与作用

创业计划是创业者计划创立业务的书面摘要，用以描述与创办企业相关的内外部环境条件和要素特点，为业务的发展提供指示图，是衡量业务进展情况的标准。通常创业计划是市场营销、财务、生产、人力资源等职能计划的综合体现。

1. 创业计划的特点

（1）时效性

由于企业外部的经济社会环境并非一成不变的，创业企业也在不断发展进步，因而创业条件会随着内外部条件的变化而改变。在制订创业计划时，应根据不同的发展阶段的实际情况进行调整，使创业计划总能够保持领先于发展现状的时效性。

（2）可行性

创业计划的内容有两个方面，一是企业追求的目标，二是为了实现这个目标而制订的行动规划。行动和目标越一致，创业计划的可行性越高，创业成功的概率越大，得到投资者认可的概率也就越高。

（3）概括性

从创业项目的选择、确立到创业企业的真正成立并持续发展是一个漫长的过程，是无法在纸上呈现并向投资者展示的。此时，就需要一份具有可操作性的创业计划，它对创业者整个经营设想的总结和概括发挥举足轻重的作用。

2. 创业计划的作用

（1）指导行动、明确方向

数据显示，切实可行、目标明晰的创业计划有助于创业者冷静地识别和分析创业机会，明确自己的创业理想，进而为创业行动指明方向。

（2）凝聚人心、有效管理

创业计划通过描绘创业企业的发展前景和成长潜力，使团队成员对未来充满信心。创业计划中明确要从事什么项目或活动，从而使大家了解自己将要充当什么角色、达到什么目标，这对于凝聚人心、协同发展具有重要意义。

（3）决策参考、投资依据

从融资的角度来看，创业计划通常被誉为"敲门砖"。撰写创业计划为创业者提供了自我推销的重要工具，为新企业提供了一种向潜在投资者、供应商、商业伙伴和关键职位应聘者展示自身的机制。

9.6.2 商业计划书的内容

1. 商业计划书的概念

商业计划书是创业者为了达到发展经营目标及面向社会筹措资源的目的而撰写的，旨在展现项目和企业现状及发展前景的书面文件。与上一节中讲述的创业计划不同，商业计划书更多是适用于外部资源提供者，特别是投资者的需要，写作时要遵循特定格式或规范；而创业计划则用于指导创业者的创业行为，是基于创业团队的构想所编写的，因而拥有较多的主观性。

2. 商业计划书内容的选择原则

商业计划书有固定的写作模式，但可以根据不同的技术项目、创业计划、创业团队等加以改进，使计划书更具特色。在内容和格式的选择上，可以参考以下原则：

（1）换位思考、投其所好

商业计划书写作的最终目的是吸引社会资源拥有者的投资，以将项目落到实处，因而在内容选择上就要遵循为投资者着想的原则。商业计划书是风险投资者评估企业的重要依据，如果创业者可以根据投资方的评估或关注的侧重点，如股份分配、年收益率等，在计划书中给出有倾向性的具体解答，或者做探讨性的自我评估，就会在一定程度上增加成功的概率。

（2）重点突出、详略得当

商业计划书的篇幅不宜过长，应以 20~40 页为宜，想要在这短短几十页纸中把一个企业及其发展路线展示得淋漓尽致的同时获得投资者的青睐，就要做到详略得当。由于投资人每天要看很多商业计划书，不可能每一份都去认真研究，所以尽量避免在项目简介、公司战略这些务虚的地方着墨过多，而应重点关注数据、风险分析这些比较务实的方面。

（3）定位精准、独特取胜

创业企业大多是为了填补市场空白而萌生的，因而应在商业计划书中展现出明确的市场定位及独特性，使投资者体会到效益最大化和机会成本最小化。企业的独特性不仅可以体现在产品和服务上，还可以体现在营销模式、团队管理等方面。

3. 商业计划书的主要内容

（1）执行概要

执行概要或执行总结，是对商业计划书核心关键内容的提炼，是整个商业计划书中最重要的内容。由于商业计划书的篇幅普遍较长，投资者很难做到通篇阅读，在这种情况下一篇精炼的执行概要就可以使忙碌的投资者对项目有一个简短却全面的了解，在最短的时间内最大限度地激发投资者兴趣。

为了准确概括商业计划书的核心内容，执行概要应在整本计划书完成之后撰写。其主要内容依序与正文对应，大致包括创业团队、产品与服务、目标客户群体、市场现状与前景、竞争优势、盈利模式、融资额度等，每部分内容用一句话或简短的一段话阐明，总篇幅以两页为宜。需要注意的是，执行概要内容不必与正文结构完全一致，而是可以根据商业计划书的写作目的加以调整与强调，如以获得股权投资为目的的商业计划书，可以明确投资者在不同投资额度下所能获得的股权比例。

另外，执行概要的语言应逻辑清晰、严谨，同时对发展前景有积极的预期，以引起投资者的共鸣，获得投资者的认可。

（2）企业介绍

这一部分是对创业企业的介绍，是将抽象的创业计划具体化，主要内容应包括企业简介、企业文化、主要业务与市场定位、经营目标、管理机制等，必要时还可加入启动资金、公司选址等细节性内容，尽量做到真实可信。

企业简介要求以精炼的语言对企业名称、组织形式、主要业务、经营目标、核心竞争力等内容加以阐述，已注册的企业还可增加企业历史、地址、年利润、投资回报率等信息。

企业文化是企业全体成员共同认可和接受的可以传承的价值观、道德规范、行为规范和企业形象标准的总称，是物质文化和精神文化的总和。写作时这部分内容主要涵盖企业理念、宗旨、商标标识、口号等。

产品和服务介绍是对创业企业的产品和服务的独特之处、目标客户群体、市场定位、经营目标等进行简要描述。

（3）市场与竞争分析

市场与竞争分析中市场是创业的大背景，一个企业只有对市场及其需求有敏锐准确的了解，才能在市场竞争中占据有利地位。商业计划书的相关部分大体上可分为市场分析和竞争分析两个方面，具体内容可包括目标消费者群体、市场容量、竞争对手分析、市场份额和销售额预估、市场发展走势等。

市场分析可以分为三个层次：一是宏观层次，可以从政治、经济、技术、社会等方面进行分析；二是中观层次，主要包括行业结构变化、行业技术发展、行业周期演进等；三是微观层次，主要对与创业企业的产品和服务直接相关的因素进行分析，以获得最为直接的消费者需求与市场机会信息。如部分在位企业的市场份额萎缩、部分企业技术更新难以为继、部分企业存在人才流失现象等；

竞争分析也可以分为三个层次：一是竞争环境分析，一般包括集中度、产品与服务的差别度、行业壁垒分析、行业信息化程度分析等；二是主要竞争对手分析。竞争对手主要是与创业企业的客户群体或提供的产品服务有较大交集的且在同类型企业中所占市场份额较大的企业。一般来说，至少要对行业内位居前三位的在位竞争企业进行详细对比分析，分析内容包括产品或服务特征、质量、技术、成本、市场占有率、财务状况、经营规模、利润水平等，必要时也要考虑在位企业的顾客忠诚度、消费惯性等；三是核心竞争优势分析。面对市场上与在位企业、潜在进入者形成的激烈竞争，创业企业要想获得成功就必须有独特的核心优势。一般来说，能够形成核心竞争优势的条件主要包括以下几点：第一，技术创新；第二，率先达到生产及市场经济规模；第三，绝佳的用户体验，培养良好的美誉度与顾客忠诚度。

(4) 产品与服务

产品与服务是创业企业价值主张的载体，是企业得以建立的基础。商业计划书的这一部分内容对应产品或服务的介绍、市场定位、可行性分析等内容。

(5) 营销策略

营销策略是创业企业以顾客需求为出发点，以为顾客提供满意产品和服务为目标，在市场调查等途径的基础上，开展的销售推广活动。撰写这一部分内容的最好方法就是清楚地说明其总体的营销策略，包括定位策略、差异化点等信息，通过定价策略、销售过程和促销组合、渠道策略说明支持总体营销策略开展的方法。

(6) 组织与管理

风险投资家在选择项目时，往往会在查看了执行概要部分后直接阅读创业团队部分，通过评估创业者实力来预测企业发展前景，因此创业团队及其组织管理在商业计划书中也是一部分重要内容，具体内容可包括以下三部分：

1) 创业团队成员介绍。新企业的管理团队一般由创业者和几个关键的管理人员等组成。这一小节概括介绍团队成员的简历，包括年龄、性别、背景、教育和职业经历、专长、主要业绩等；同时根据专业背景、特长等对团队核心成员在企业中负责的工作、拥有的股份等进行划分。

2) 组织架构及职责分工。企业的组织架构是对企业基本业务部门、职能机构、运作流程等作出的界定和规划，反映组织构成要素之间的关系，多用图例的形式来展现，如图9-3和图9-4所示。

在创业计划书中画出组织结构图，对其中各个业务部门、职能机构的职权作出解释说明，介绍各部门的主要负责人。需要注意的是，不同性质的创业企业，其内部职能部门的设置不尽相同。例如，以提供网络技术服务为主的企业需要设置网络技术部等相关部门，如图9-3所示；以提供木制品等实物产品为主的企业，则需有生产、仓储等部门，如图9-4所示。

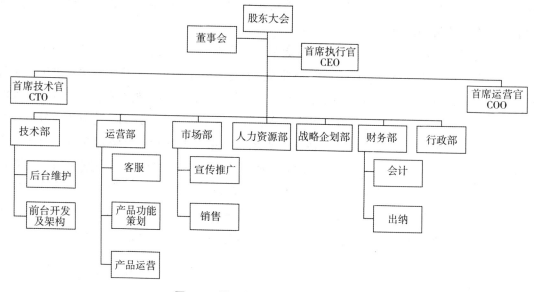

图 9-3 某网络技术公司的组织结构

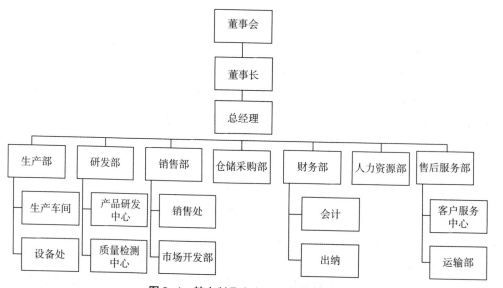

图 9-4 某木制品生产企业的组织结构

3）人力资源规划。一个企业想要长久地发展，就要基于以人为本的理念，反映在商业计划书中即为人力资源管理规划。这部分主要包括各部门人才需求计划、招聘培训计划、奖惩机制等。

（7）财务分析

财务分析是对商业计划书中的所有定性描述进行量化的系统过程，直接关系到对项目价值的评估和取得资金的可能性。在商业计划书中，一般需要对创业企业做 3~5 年的财务规划，具体内容可仿照如下模式。

1）经营的条件假设。创办企业需要人、财、物等各方面资源的加持。人力资源的条件假设在组织与管理中已做阐述,财力资源将在下面的融资计划中说明。此处主要讲述企业所需物质资源的条件假设。创业需要的物质资源一般表现为有形资产,按照流动性可以分为流动资产和非流动资产。流动资产是在一年或一年以上的一个营业周期中可以变现的资产,如原材料、库存商品等;流动资产外的有形资产或无形资产均属于非流动资产,如机器设备、办公桌椅、商标权、专利权等。购置资产需要支付现金,从而影响企业的融资计划。对资产进行预估,再结合对流动资产资金需求的判断,可以计算出物质资源所需的资金数量。

2) 未来的财务预算。在对企业未来发展做出合理预测的前提下进行财务预算,确定资金需求、融资额度、预期收支等。这部分主要通过编制预计的资产负债表、损益表、现金流量表等来展现。

①预计资产负债表反映在未来某一时刻的企业经营状况,可根据表中数据来获得可能的投资回报率,由固定资产、现金、贷款、净资产、股本、利润准备金、股东资金等组成。资产负债表举例见表9-4。

表9-4 资产负债表范例

单位:万元

资产负债表(第一年至第六年)						
项目	2013年	2014年	2015年	2016年	2017年	2018年
资产:						
流动资产						
银行现金	113.79	81.07	394.65	776.48	1 555.87	2 583.85
应收账款	0.00	0.00	0.00	0.00	0.00	0.00
库存商品	15.00	300.00	300.00	400.00	400.00	400.00
待摊费用	13.23	6.61	0.00	0.00	0.00	0.00
流动资产合计	142.02	387.68	694.85	1 176.48	1 955.87	2 983.85
固定资产	5.00	5.00	0.00	0.00	0.00	0.00
减:固定资产折旧	1.70	3.40	5.00	0.00	0.00	0.00
固定资产净值	3.30	1.60				
资产合计:	145.32	389.28	694.65	1 176.48	1 955.87	2 983.85
负债及所有者权益:						
流动负债						
短期借款	0.00	100.00	0.00	0.00		
应付账款	0.00	100.00	200.00	200.00	200.00	0.00
流动负债合计	0.00	200.00	200.00	200.00	200.00	0.00
所有者权益						
实收资本	200.00	200.00	200.00	200.00	200.00	200.00

续表

资产负债表（第一年至第六年） 单位：万元

项目	2013年	2014年	2015年	2016年	2017年	2018年
资本公积	0.00					
本年利润	-54.68	43.97	305.37	481.83	779.39	1 227.98
未分配利润	-54.68	-10.72	294.65	776.48	1 555.87	2 783.85
所有者权益合计	145.32	189.28	494.65	976.48	1 755.87	2 983.85
负债及权益合计	145.32	389.28	694.65	1 176.48	1 955.87	2 983.85

②损益表反映企业未来的盈利状况，是对创业企业经过一段时间运作后的运营结果的预期，包括销售收入、毛利、管理费用、营业利润、财务费用和净利润等内容。损益表举例见表9-5。

表9-5 损益表范例

损益表（第一年至第六年） 单位：万元

项目	2013年	2014年	2015年	2016年	2017年	2018年
一、销售收入	50.00	1 000.00	3 000.00	4 500.00	6 750.00	10 125.00
产品成本	35.00	700.00	2 100.00	3 150.00	4 725.00	7 087.50
占销售%	0.70	0.70	0.70	0.70	0.70	0.70
二、毛利	15.00	300.00	900.00	1 350.00	2 025.00	3 037.50
占销售%	0.30	0.30	0.30	0.30	0.30	0.30
减：营业费用	65.43	188.68	338.24	478.06	641.56	883.81
占销售%	1.31	0.19	0.11	0.11	0.10	0.09
工资	23.80	71.40	74.97	114.00	120.00	126.00
社保费	4.30	4.30	4.30	6.70	6.70	6.70
办公费	2.40	2.40	2.40	2.40	2.40	2.40
水电费	1.80	1.80	1.80	1.80	1.80	1.80
租赁费	4.05	13.20	19.20	19.20	19.20	19.20
电话费	2.16	2.16	2.16	2.16	2.16	2.16
应酬费	4.80	4.80	4.80	4.80	4.80	4.80
差旅费	12.00	12.00	12.00	12.00	12.00	12.00
运输费	1.00	20.00	60.00	90.00	135.00	202.50
开办费	6.62	6.62	6.61	0.00	0.00	0.00
提成金	2.50	50.00	150.00	225.00	337.50	506.25
减：固定资产折旧	1.70	1.70	1.60	0.00	0.00	0.00

续表

损益表（第一年至第六年）　　　　　　　　　　　　　　　　　　　　　　　　　　单位：万元

项目	2013 年	2014 年	2015 年	2016 年	2017 年	2018 年
减：产品销售税金	2.55	51.00	153.00	229.50	344.25	516.38
三、税前利润	-54.68	58.62	407.16	642.44	1 039.19	1 637.32
占销售%		0.06	0.14	0.14	0.15	0.16
四、所得税	0.00	14.66	101.79	160.61	259.80	409.33
五、净利润	-54.68	48.97	305.37	481.83	779.39	1 227.99

现金流量表反映企业的未来现金流动。现金流量表举例见表 9-6。

表 9-6　现金流量表范例

现金流量表（第一年至第六年）　　　　　　　　　　　　　　　　　　　　　　　　单位：万元

项目	行次	2014 年	2015 年	2016 年	2017 年	2018 年	2019 年
一、经营活动产生的现金流量							
销售商品、提供劳务收到的现金	1	400	1 600	3 200	4 800	7 200	10 800
收到的税费返还	2						
收到的其他与经营活动有关的现金	3						
现金流入小计	4	400.00	1 600.00	3 200.00	4 800.00	7 200.00	10 800.00
购买商品、接受劳务支付的现金	5	310.00	1 120.00	2 240.00	3 360.00	5 040.00	7 560.00
支付给职工以及为职工支付的现金	6	45.00	105.00	115.50	127.05	139.76	153.73
支付的各项税费	7	18.60	67.20	134.40	201.60	302.40	453.60
支付的其他与经营活动有关的现金	8	110.00	224.00	416.00	576.00	864.00	1 296.00
现金流出小计	9	483.60	1 516.20	2 905.90	4 264.65	6 346.16	9 463.33
经营活动产生的现金流量净额	10	-83.60	83.80	294.10	535.35	835.85	1 336.67
二、投资活动产生的现金流量							
收回投资所收到的现金	11						

续表

现金流量表（第一年至第六年） 单位：万元

项目	行次	2014 年	2015 年	2016 年	2017 年	2018 年	2019 年
取得投资收益所收到的现金	12						
处置固定资产、无形资产和其他长期资产所收回的现金净额	13						
收到的其他与投资活动有关的现金	14						
现金流入小计	15	0.00	0.00	0.00			
购建固定资产、无形资产和其他长期资产所支付的现金	16	20.00			20.00		
投资所支付的现金	17						
支付的其他与投资活动有关的现金	18						
现金流出小计	19	20.00	0.00	0.00	0.00	0.00	0.00
投资活动产生的现金流量净额	20	-20.00	0.00	0.00	0.00	0.00	0.00
三、筹资活动产生的现金流量							
吸收投资所收到的现金	21	200.00					
借款所收到的现金	22						
收到的其他与筹资活动有关的现金	23						
现金流入小计	24	200.00	0.00	0.00	0.00	0.00	0.00
偿还债务所支付的现金	25						
分配股利、利润或偿付利息所支付的现金	26						
支付的其他与筹资活动有关的现金	27						

续表

单位：万元

现金流量表（第一年至第六年）							
项目	行次	2014年	2015年	2016年	2017年	2018年	2019年
现金流出小计	28	0.00	0.00	0.00	0.00	0.00	0.00
筹资活动产生的现金流量净额	29	200.00	0.00	0.00	0.00	0.00	0.00
四、汇率变动对现金的影响额	30						
五、现金及现金等价物净增加额	31	96.40	83.80	294.10	515.30	853.85	1 336.67
货币资金期末数	32	96.40	180.20	474.30	989.65	1 843.50	3 180.16
货币资金期初数	33	0	96.40	180.20	474.30	989.65	1 843.50
货币资金净增加额	34	96.40	83.80	294.10	515.35	853.85	1 336.67

做财务预算时，要遵循以下几点原则：

①财务预算要立足于真实市场调研。只有市场调研可靠、顾客需求得到验证，其经营活动才有可能创造实际价值，依此进行的财务预算才真实可信。

②财务预算奉行"长粗短细"原则，即长期财务预算可以简略一些，但短期预算要尽量做到精确、翔实。

③财务预算是建立在对商业计划书中的营销、生产运营等进行分析的基础之上的。因此必须明确下列问题：第一，产品在每一个会计期间的产量、销量有多大？第二，企业何时需要扩大生产？第三，单位产品的生产费用是多少？第四，单位产品的定价是多少？第五，使用什么分销渠道，所预期的成本和利润是多少？第六，雇用人员的成本是多少等？这些问题的回答离不开生产运营等商业计划书的其他部分。

3）融资方案。融资方案是根据创业计划、创业项目、产品的特点，结合创业团队的优势，以及财务风险分析和财务风险控制的计划所编写的。一般来说，融资方案包括融资额、融资时间、融资对象、融资方式、融资用途等。

（8）风险分析

分析企业可能面临的技术、市场、管理、政策、经济等方面的风险和问题，提出相应合理有效的规避方案等。

本章要点回顾

本章所涉及的主要内容是商业模式基本内容的介绍，包括商业模式的概念、构成要素、分析设计、创业计划和商业计划书的撰写知识等内容，并且介绍了商业模式"画布"这一商业模式设计分析的工具。

习题

1. 名词解释

（1）商业模式；（2）创业计划；（3）商业计划书。

2. 简答题

（1）简述商业模式的构成要素。

（2）如何撰写创业计划？

（3）如何撰写商业计划书？

课后拓展

本章介绍了商业模式的基本内容及创业计划和商业计划书的撰写知识。不同的创业者，在不同的创业环境下，面对不同的投资者，所撰写的商业计划书是不尽相同的。根据不同类别的创业项目，商业计划书还应包括哪些结构及内容？请列举一下你的观点。

第 10 章

创业融资

内容提要

资金是企业经济活动的第一推动力,也是持续推动力。企业能否获得稳定的资金来源,及时足额地筹集到生产要素组合所需要的资金,对经营和发展都起着至关重要的作用。所以对于创业者来说,如何筹集足够的资金,以维持企业生存,推动企业发展,是一个必须妥善解决的问题。

学习目标

①了解融资的含义及创业融资现状;
②掌握创业融资的渠道和风险;
③根据创业企业自身情况制定相应的创业融资方案。

10.1 大学生创业融资的现状

据调查显示,资金不足、没有好的融资方案是大学生创业者面对的最大困难。再小的公司也需要有人员开支、办公物品开支等日常运营经费。大学生刚毕业缺乏社会经验和人脉,因自身积蓄有限,往往会由于无法获得创业资金而在创业之路上裹足不前,创业热情也因此冷却。为此,国家和地方有关部门出台了很多政策,为大学生创业解决融资难的问题,搭建更好的创业平台,帮助大学生实现创业梦想。

党的十八大报告指出:"实施扩大就业的发展战略,促进以创业带动就业。"我国大学生创业比例持续增长,《中国大学生就业创业发展报告》显示,全国高校应届毕业生创业率从2007年的1.2%增长到2015年的2.86%。大学生创业者对当前的创业政策和环境做出了较高评价。

大学生进行融资的渠道更加多样，除自筹资金外，小额担保贷款和创业基金的利用也逐步步入正轨，加之民间资本、"天使"投资、风险投资的大量涌入，创业融资的瓶颈被不断攻破。但大学生在自主创业的同时，面临着更为复杂的社会环境，难以从根本上把握融资问题，大学生在融资渠道的选择上存在盲目性，易将融资渠道局限在亲友借款等微薄融资，很少关注融资企业、银行或担保公司等社会机构，缺少对创业思路的全方位思考，还有可能出现对融资所获资产责任心不够、准备不足、缺乏财务管理等状况。

10.2 创业融资机理及模式

10.2.1 创业融资机理

创业金融体系涵盖创业主体、创业融资出资方、政府及创业中介组织三方，它是一个相互影响、相互配合的综合性金融体系。创业主体是创业企业和创业者，他们往往需要一笔足够维持企业初期发展的资金。

1. 创业融资出资方

创业融资出资方包括银行、"天使"投资人、风险投资人、融资租赁企业等。由于创业企业的成长和发展伴随着很大的风险和不确定性，为了规避风险，大部分银行一般不会向刚刚起步的创业企业提供经营性贷款，部分银行会为创业者提供政策性创业型贷款服务。风险投资人提供的创业管理附加服务可以帮助初创企业成长，但风险投资支持初创企业的比例很低。与风险投资人不同，"天使"投资人是创业者的"天使"，"天使"投资常常是创业的启动资金。

2. 政府及创业中介组织

政府是促进创业融资政策的制定者。政府的政策既是风向标又是润滑剂，在维系整个创业金融体系常规运转的同时推动其不断发展。

除此之外，政府也建立了完善的创业信用保障机制。由于创业企业在运营初期还没有树立起良好的企业形象，没有品牌知名度，与创业融资出资人之间存在着严重的信息不对称，使得在创业初期的企业不易获得风险投资和"天使"投资的支持。政府对创业企业进行信用的调查存档，对创业项目进行客观准确的评估，让投资方在短时间内了解创业企业的详细状况和信用水平。信用体系也因此建成。

政府的责任还有设立金融市场，包括在股市中设立创业板、出资为创业者提供贷款担保等。一个有效的创业金融市场框架的设立是创业金融体系有效运营的必要条件。

创业金融体系包含对创业者和投资者负责、解决信息不对称瓶颈的信用体系，促进民间资本流入的动力机制，推动创业金融产品和创业行为创新的创新体制，只有这三个体制良好运转并协同配合，创业金融体系才能充分地服务创业者，推动创业产业的发展。

10.2.2 创业融资模式

大学生创业融资模式是大学生在特定区域、特定环境中形成的，在创业动机、创业方式、产业进入、资金筹集、组织形式、创新力度和政府支持等方面具有相似性及典型性的创业行为，是对各种创业因素的配置方式。创业融资模式可以按照创业时机选择、创业发展方式、创业核心元素、创业目的进行分类。

1. 按照创业融资时机选择划分创业融资模式

(1) 休学创业

尚未毕业的大学生发现了极具发展前景的创业商机且掌握了足够的创业资本，选择中止学业从事创业。

(2) 在校兼职创业

在校大学生利用课余时间从事兼职积累资本。此后的创业方向往往和兼职相关，合作对象也往往是业内有经验的人士，以小商贸培训和信息技术交易为主。

(3) 毕业专职创业

大学生毕业后直接从事创业。毕业后职业自由，有充足的时间进行创业融资。创业者往往会选择与自己专业相关的创业方向，且在校期间就已经开始对创业项目进行调研、前期分析甚至是开始运作。

(4) 工作兼职创业

在职工作期间利用空余时间进行创业。此类创业往往利用工作职位所提供的行业内前沿信息、先进技术、业内人力资源等便利条件，借助此类条件在本行业或者相关行业进行创业融资后创业，即先就业再创业。

关于在工作职位上发明的专利权归属，《中华人民共和国专利法》第六条规定：执行本单位的任务或者主要是利用本单位的物质技术条件所完成的发明创造为职务发明创造。职务发明创造申请专利的权利属于该单位；申请被批准后，该单位为专利权人。非职务发明创造，申请专利的权利属于发明人或者设计人；申请被批准后，该发明人或者设计人为专利权人。利用本单位的物质技术条件所完成的发明创造，单位与发明人或者设计人订有合同，对申请专利的权利和专利权的归属作出约定的，从其约定。

(5) "海归"创业

国外留学人员归国创业借鉴国外先进的创业融资理念、管理理念，进行创业。

案例 10.1

某高校研二学生戴某是某校园 O2O 平台的联合创始人，2015 年 9 月完成了来自美团的 3 500 万美金 B 轮融资，企业的未来一片光明。在这之前，国家推出了驾照自学直考政策，他敏锐地看到了这次机会，希望帮助在校大学生顺利学习驾驶技能。经过深思熟虑，他联系了自己在阿里、腾讯、万得资讯的朋友组起团队，选择重新创业，经过两个月的筹备，新项目"快来学车"上线。这是一款对接学员和教练的学车平台,学员通过APP查看附近教练的资费、资历和历史评价等信息,选取合适的教练,然后支付到平台。短短几个月,"快来学车"已经收获了种子轮融资。

2. 按照创业发展方式划分创业融资模式

(1) 积累演进模式

这种创业模式初始资金需求小,创业风险低,管理方式灵活,主要集中于商品零售业、餐饮业、化妆品和服装销售、教育培训等行业。在经营取得成功后,再将所得资本投入到发展潜力更高、利润风险更高的行业,或是成立小型公司。

(2) 连锁复制模式

连锁复制模式是以加盟直营、区域代理或购买特许经营权的方式来销售某种商品或服务的创业活动,主要出现在商业零售、饮食、服务等行业。其特点是:前期自筹一定资金以获取连锁加盟资格,融资资金量小;组织管理按总店或中心统一培训管理与创业者自我雇佣、自我管理相结合的方式;总店和中心负责技术培训、经验分享和资源支持。

这种创业模式充分利用特许企业的品牌效应以及配到服务和跟踪指导,减少经营风险,风险低利益也低,创业者无法获得全部销售利润。

(3) 分化拓展模式

分化拓展模式指大学生先就业再创业,在企业中不断熟悉行业的业务情况,在积累了一定的资金、经验、技术和人脉资源后,利用企业或者行业内部出现的机会和资金进行创业。此时的创业融资,还可以借鉴原公司的经验,吸取教训,发展速度往往较快。

(4) 技术风险模式

大学生可以利用自己专业的优势,将先进的技术或产品通过资本雇佣资本的方式发展成企业。将技术转化成产品需要资金大量投入,这时的创业融资往往是通过主动吸引"天使"投资人或中介机构对技术、专利、智力成果进行资产评估,联系融资出资方促成融资。这种创业模式主要集中于技术含量高的知识密集型行业。

(5) 模拟孵化模式

模拟孵化模式即大学生参加各大高校举行的创业比赛或者受到高校创业园区的熏陶、资助、催化而进行的创业活动。在模拟创业的环境下,大学生可以了解创业程序,学习创业基本知识,积累创业融资经验。在创业园区中,创业者可以得到创业融资的培训指导,项目评估等帮助。该模式多见于高科技行业和科研中。

(6) 概念创新模式

概念创新模式指大学生根据新颖的构思或创意进行的创业活动,主要集中于新兴行业。创业者的优秀创意和构想可以通过创业实践转化为实际利润,同时,能够为企业迅速抢占商机,占领市场。该种创业方式所需融资资金不大,创新性是企业赖以生存的核心内容。

案例 10.2

杨先生是职场新人，他想创业，可是自己没有任何经验，也不知道该做什么，偶然一天他看到路边新开的一家现磨豆浆店生意很好，忍不住上去了解情况，经过深思熟虑决定加盟某现磨豆浆店。成为加盟客户后，杨先生免费获得了现磨豆浆核心技术、全套开店加盟指导等服务。到现在，杨先生原本的豆浆早餐车已经发展成了一个小吃店，生意越做越大。随着豆浆店总部的壮大，他也不断地收到总部新技术的升级服务。从刚开始只做豆浆加盟到现在有了奶茶甜品、红豆饼、手打豆花、章鱼小丸子、酱香饼等全面早餐及小吃技术服务。

3. 按照创业核心元素划分创业融资模式

（1）技术型创业

大学生创业的核心要素是自己拥有的技术，包括科学知识技术、具有发展潜力的创业项目和新颖创意。具体的创业方式有多种选择，可以独立创业，也可以将自身掌握的技术进行技术入股，或是利用技术吸引资金进行合作创业。

（2）管理型创业

管理型创业利用管理模式和管理技巧进行创业，包括承包经营、连锁加盟、租赁服务、项目管理和咨询服务等多种行业。管理型创业依靠自己的管理机制、出色的管理能力和管理智慧来吸引创业融资出资方。

（3）服务型创业

服务业作为第三产业具有广阔的发展空间。在服务型创业中，独特的创意是十分重要的，及时发现客户的需求、发现市场空白和提升服务质量是服务型创业者努力的方向。服务型创业融资所需资金较少，且风险较小。

（4）资金型创业

资金型创业是指创业者利用雄厚的资金基础谋求利益，以资金为创业支撑点开展创业活动，资金是核心要素。资金型创业所选择的行业以投资和金融业为主。

案例 10.3

随着中国经济发展方式的转变和创业环境的不断优化，一批怀揣创业梦的教授更加注重产学研相结合的实践。四川某高校教授周某就是创业教授中的一位。周某被高校聘任时是当时中国最年轻的教授。他拥有学生般的外貌，却走在"复杂网络"与大数据的前沿，是国内知名的大数据专家，由其领衔的某科技公司是国内商业大数据行业标准 COSR 的发布者，致力于通过规范数据服务、提升服务能力，以优化决策的效力和效率。

2015 年年初，公司获得 A 轮融资。在短短半年时间内，因为其良好的成长性，再次赢得了投资机构的青睐。此次 B 轮融资市场估值 10 亿人民币，获得融资金额为 1 亿人民币，此轮资金将用于产品研发更新和团队建设。

4. 按照创业目的划分创业融资模式

（1）生存型创业

生存型创业以解决资金和就业问题为目的，启动资金少，规模小，但运营灵活。没有创新性使得企业发展后期潜力不足。

（2）科技型创业

依赖创新性技术和创意的支撑，以技术和创意转化为生产力为目的的创业称为科技型创业。科技型创业前期资金投入要求高，风险大，但发展后期前景更好，收益也更丰厚。

10.3 创业融资渠道及探索

创业融资方式有两类：债务性融资和权益性融资。

债务性融资是指企业通过向个人或机构投资者出售债券、票据筹集运营资金或资本开支，个人或机构投资者借出资金，成为公司的债权人。债务融资具有利率高、额度小、时间短的特点，具体包括银行贷款、民间贷款、租赁融资、企业债券等。

权益性融资是指企业为获取其他企业的权益或净资产所进行的投资，即创业企业获利时，其融资企业会从创业企业中获益。权益性融资具有风险高、利润大、还款期限不固定的特点，具体包括风险投资、"天使"投资等。

1. 政府基金

近年来，政府充分意识到创业对促进经济增长、扩大就业容量和推动技术创新具有非常重要的作用。基于我国人口众多、就业形势严峻的国情，各级政府不断采取各种方式鼓励大学生创业，为此设立了一些政府基金给予支持。

一般创业基金分为创业贷款、财政贴息和财政低息。创业基金是吸收政府投资的最理想方式，也是大学生创业最值得采取的融资方式。大学生毕业以后可以持完善的创业计划书到大学生就业指导委员会办公室申请创业扶持，在他们的帮助下申请大学生自主创业基金，也可以通过当地团委青年自主创业基金会的支持，获得创业基金。

政府基金的投资方信用可靠、利息低、融资成本低，但年资助项目有限、竞争激烈。

2. 自筹资金

自筹资金包括两种：自身存款和亲情融资。自身存款无债务但资金有限，亲情融资即通过亲友筹集创业资金，是个人创业启动资金最常见的渠道，属于负债融资的一种，一般不需要承担利息。亲情融资的融资速度快、成本低，但创业失败会存在资金损失的风险。此时就需要亲友在投资前知晓创业项目的风险和可行性，创业者需主动写下书面借据或借款协议，及时沟通。一般来说，亲友不能作为长期融资方式，应另选其他渠道。

案例 10.4

湖南某高校园林专业毕业生王某在大二的时候，由于开学初花钱买了笔记本电脑，一个学期的全部生活经费只剩下500元，以后的生活该怎么过深深地困扰着他。为了走出困境，王某找了位同学，开始摆地摊卖花。夏天晒得汗流浃背，冬天冻得满手是冻疮。天道酬勤，他的手头渐渐宽裕了，生活经费也有了着落，同时积累了创业的初始经验。

2014年暑假，王某勤工俭学后回到常德，敏锐地感觉到花卉市场的巨大潜力，决定租个档口做花卉批发，自己当老板，由此开始了真正的创业。经过一段时间的实践，王某发现，一个人的力量有限，必须建设自己的团队，走规模化的发展道路才能在花卉市场具有更大的竞争力。他邀集四位志同道合的同学用10万元资金注册成立了花卉公司，在团队的共同努力下，公司的业务逐步扩展，并在短时间内建起了2 400平方米的花卉生产基地，将公司人数发展为8人，流水达180多万。目前，公司的生产、经营形势大好，王某的创业道路也越走越顺畅。

创业更多情况下不是创业者的个人行为，而是一种集体行为。组建创业团队可以集聚不同成员的有效资源，优势互补，往往能够产生一种集体效能，增加创业的成功率。

3. "天使"投资

随着我国政府对民间投资的鼓励与引导，以及国民经济市场化程度的提高，民间资本获得了更大的发展空间。"天使"投资是自由投资者或者非正式风险投资机构，对处于构思状态的原创项目或小型初创企业进行的一次性的前期投资。"天使"投资出现在各个行业中，是一种非组织化的创业投资形式，其资金来源大多是民间资本。投资者一方面看重创业企业和创业项目的发展潜力，另一方面看重对社会的贡献。天使资金通常是创业者的亲戚的商业伙伴，他们对创业者的能力和创意深信不疑，所以"天使"投资门槛往往较低，有时一个创业构思，只要有发展潜力，就能获得资金。

"天使"资金的投资程序简单，但民间投资者与创业者的关系具有不确定性。创业者应提前对民间资本进行调研，把以后合作可能遇到的问题与民间投资者开诚布公地进行沟通，必要的时候通过书面形式表述。

退出是"天使"投资资金流通的关键所在，只有完成了有效的退出才能将初创企业成长所带来的账面增值转换为"天使"投资人的实际收益。"天使"投资退出的主要方式包括向后轮投资方进行股权转让、并购退出、管理层回购、IPO、破产清算等。

4. 合作融资

合作融资是合伙人按照"共同投资、共同经营、共担风险、共享利润"的原则，直接吸收单位或者个人投资合作创业的一种融资途径和方法。合伙融资能够充分发挥人才作用，对各种资源进行整合与利用，尽快形成生产能力，降低创业风险，但可能因为权利与义务的不对等使合伙人之间产生矛盾。合作融资应首先明确投资份额，确立章程，加强信息沟通，减少误解和分歧。

5. 银行贷款

由于银行财力雄厚，银行贷款往往是创业者首先想到的融资方式。银行贷款的信用可靠，但手续复杂，往往需要经过工商管理部门、税务部门、中介机构等多道门槛。

银行贷款一般分为抵押贷款、信用贷款、担保贷款和贴现贷款。

1）抵押贷款指借款人向银行提供一定的财产作为信贷抵押的贷款方式。

2）信用贷款指银行仅凭对借款人资信的信任而发放的贷款，借款人无须向银行提供抵押物。

3）担保贷款指以担保人的信用为担保而发放的贷款。随着国家政策的大力扶持及担保贷款数量的增加，面向中小企业的担保贷款成为创业者有效的融资之路。

4）贴现贷款指借款人在急需资金时，以未到期的票据向银行申请贴现而融通资金的贷款方式。

案例 10.5

周某大学毕业回到上海后，一直没找到称心的工作。看到自己居住的小区内有一家小型超市生意非常红火，他想：不如开个超市自己给自己干，但是一打听，办个小超市投资起码得六七万元，只好作罢。后来，上海某银行与某大型超市签约，推出了面向创业者的"投资七万元，做个小老板"的特许免担保贷款业务，超市为创业者提供了集体担保，创业者不必再提供担保，银行可向每位通过资格审查的申请者提供七万元的创业贷款。周某获悉后立即递交了申请，两个月后，他顺利地从银行领到贷款，如愿开起了自己的小超市。

6. 风险融资

通过获取风险投资进行融资称为风险融资。风险投资者会仔细挑选具有巨大潜力的中小企业，随着企业的成长分批分期地将资金注入企业，增加创办企业的价值，并从中盈利。

风险融资具有以下特点：

1）是一种持续的、流动性差的权益资本而非借贷资本；

2）偏聚于创新创业活动最活跃的地区；

3）偏向于高增长性、高附加值和高回报预期的新兴领域和行业的中小企业的创业活动；

4）偏爱综合素质好，有企业家潜质的创新者与团队。

风险资本投资规模大，一次风险投资的金额少则 50 万美元，最高投资金额甚至达到 1 亿美元，因此筛选审查过程极其严格。在所有的申请项目中，有 90% 的项目因不符合风险投资公司的标准或喜好而不被考虑，符合标准的 10% 中又只有 0.5% 的项目可以通过审查和全面复审，获得风险投资。

风险投资者的兴趣多在一些处于上升期、发展稳定的大企业，能够吸引到风险投资的初期企业只占 9%，而且多是高科技企业，但也会考虑其他领域。大多数风险投资公司并非一次性融资，而是选择风险相对小的多次持续融资。

案例 10.6

上海某电器公司创始人郑某获得政府创业基金。不足一个月，发现原来申报的项目虽然应用前景很好但研发周期很长，同时需要大笔资金投入，政府创业基金不足以满足公司发展的需求。

于是，创业团队做出了一个果断的决策：除了原先申报项目外，同时专攻既有一定技术基础又有市场前景的电力电子产品。经过几番公关，创业团队陆续开发出高性能逆变电源、智能化蓄电池充电装置、工业变频器等产品。渐渐地，公司开始获得订单，并与国内几家大型企业达成了长期合作协议。

转机终于来了，通过上海某大学科技园的牵线搭桥，上海某投资公司对电器公司的项目表示很有兴趣。2006年6月2日，这家风险投资商决定到郑某所在的公司进行实地考察。双方经过交流，最终达成了协议：投资公司将分段注资300万元。郑某所带领的团队，成为上海市大学生创业风险基金的第一例。

7. 网络借贷

网络借贷指的是借贷过程中，资料与资金、合同、手续等全部通过网络实现，它是随着互联网的发展和民间借贷的兴起而发展起来的一种新的金融模式。

随着互联网的普及与快速发展，产生了一种新型的商业模式——网贷，大学生作为网络发展的见证者与受益者，也是网贷的消费者，网络借贷在大学生中受到热捧，但也直接影响了大学生的学习生活和健康成长。如今大学生网贷消费渐成规模，其风险也日益显露：一方面，分期付款、网络借贷等新型负债消费方式让基本无收入来源的大学生提前享受所需的产品和服务，提高了生活质量；另一方面，大学生防范意识、自制力不强，为大学生提供贷款的平台鱼龙混杂、疏于审核，容易陷入网贷平台"以贷养贷"的圈套，增加大学生的还款压力。所以倡导大学生一定要学会健康消费，谨防风险等不安全因素的发生。

8. 典当融资

典当是以实物为抵押，以实物所有权转移的形式取得临时性贷款的一种融资方式。只要顾客在约定时间内偿还本金并支付一定的服务费用，就可赎回典当物。创业者无须提供财务报表和贷款用途等说明，不审核借款人的信用度，不问借款用途。典当行或银行评估抵押物现值，乘以折当率为典当金额。与作为主流融资渠道的银行贷款相比，典当融资起着拾遗补缺、调余济需的作用，能够在短时间内为融资者争取到更多资金。

9. 租赁融资

租赁融资是一种以融资为直接目的的信用方式，先借物，再以租金的方式分期偿还。该融资方式不占用创业企业的银行信用额度，不需要大量资金购买设备，但租赁融资的出资方一定要选择实力强、资信度高的租赁公司。

10. 众筹融资

由创业者或者创意人把自己的产品原型或创意提交到平台，发起募集资金的活动，感兴趣的人可以捐献指定数额的资金，然后在项目完成后，得到一定的回馈，如这个项目制造出来的产品。有了众筹平台的帮助，任何有想法的人都可以启动一个新产品的设计生产。

10.4 创业融资风险及管理

10.4.1 创业融资风险

创业融资风险指企业因创业融资而带来的种种不可预测性。大学生在创业初期一腔热血，热情满满，但是往往对融资风险的认识和评估不够。创业融资风险的类型见表10-1。

表10-1 创业融资风险的类型

创业融资风险	含义
创业项目信用风险	参与融资的融资方未能履行相关的责任和协定而产生的风险
创业完工风险	创业项目未能及时完工、完工时间延期、完工之后未达到预期的标准等风险
创业市场风险	市场价格波动，在一定的成本水平上能否维持原计划中产品的产量、质量、产品的市场需求量所带来的风险，主要是价格风险、竞争风险、需求风险
创业生产风险	创业项目在试生产阶段和生产经营阶段，由于资源的储量、原材料供应、生产经营状况、劳动力状况、技术等因素所引起的一系列风险
创业环境保护风险	为了满足环保相关法律法规的要求而增加新资产的投入，甚至迫使项目停产等风险
创业金融风险	项目融资中的汇率风险和利率风险等

下面让我们具体来看看以下几类创业融资风险。

1. 负债融资和股权融资可能引起的创业融资风险

这种风险主要包括两个层次的内容：一是负债融资引起的风险，创业企业可能丧失偿债付息能力的财务风险；二是股权融资导致的风险，创业企业由于融入权益资本造成股东失去控制权，利益受到损失的风险。一般债权性融资的风险比股权性融资的风险大。

在融资过程中的企业，会受到融资结构、利率等方面政策变动的影响。一般来说，企业的负债规模越大，利息支出越多，收益降低，最终导致企业失去偿付能力，甚至出现破产的可能。

2. 创业团队人员自身可能引起的创业融资风险

大学生自身缺乏创业融资技能。大学生自身创业能力的匮乏是限制大学生创业融资的主要原因。创业者急于得到资金用于企业启动或周转，往往通过低价进行股权和技术创意售卖，导致毁约，对企业信誉产生负面影响，难以树立品牌形象，创业融资风险加大。大学生在选择融资对象上缺乏风险意识和理智判断。

创业团队多是技术人员，缺乏专业的财务管理人员，企业的财务工作集中在日常的记账、算账等，而没有人研究资源配置、缓解债务负担、加速资金周转、优化资本结构、提高资金使用效益等问题，财务工作形同虚设，可能会导致企业的资金分配不合理，资本结构混乱，资金周转停滞。

3. 创业企业内部治理不当所引起的创业融资风险

创业企业内部治理不当所引起的融资风险在企业创始期十分突显。

企业创业之初，往往会忽视财务内控制度的建设。例如，创业企业缺少资金流动手续的章程使得企业中资金进出业务无章可循，办事效率低下，分工不明确；预计资金的收支程序不能按照一定的章法找寻，预计资金回收情况与业务的进展情况无法同步；资金不依照项目进程拨付，造成资金超支、损失浪费；资金回收意识淡薄，账目上存在多笔滞账，不良资产成为公司发展的隐患。

4. 创业企业信用建设缺失所引起的创业融资风险

企业创始初期融资风险大的另一个原因是企业不注重信用建设，对企业的信誉产生负面影响，如会计信息不透明，做假账、空账、偷税漏税，甚至逃避债权人债务，侵害投资者权益。企业在政府所构建的创业信用保障机制中评级评分低，导致银行等金融机构提高对创业企业贷款的条件，使得融资难度变大，导致企业获得权益性投资的难度增大，发生权益融资风险；失信债权人则难以融入债务性资金，使企业从一开始就不易平稳运行。

5. 创业环境引起的创业融资风险

创业企业环境的改变也会影响创业融资，成为企业创业融资的潜在风险。当政府运用财政政策、货币政策、产业政策等宏观手段进行宏观调控时，一些政策会对部分企业经营活动形成限制，对自身实力薄弱、销售产品单一的企业影响巨大，甚至是毁灭性的，可能会导致融资链条中断。不稳定的宏观政策无疑会加大创业企业融资的系统风险。

10.4.2 创业融资风险管理与规避

比起外因，内因是事物发展的决定性因素。大学生在创业时应提前根据资金的需求进行合理的测算和规划并把握融资的节奏，节约使用资金，在提高企业市场竞争力的同时提高融资能力，降低融资成本和风险。

1. 提高创业者素质

创业者团队的素质和领导力是创业企业融资成功的关键。创业初期，管理人员相对较少，创业者需要有较全面的经营管理知识。创业者自身的能力十分重要，但创业更需要的是整个团队的努力。从另一方面来说，中小股东、债权人等融资资金提供者十分看重创业者的道德心和责任心，负责人守信用的创业者会吸引更多的创业融资。

2. 完善企业管理制度

很多创业企业内部的风险来自财务管理制度的不足或缺失。创业者应积极完善企业内部治理结构，健全企业管理制度，包括完善股权治理结构，保证企业第一大股东与第二大股东的绝对控股地位和控股比例，通过长期投资形成大量的专用资产维护企业信用；健全企业资金流动管理办法，确保资金流动透明、手续简便、分工明确；健全企业管理制度，保证内控机制的科学性和有效性，确保融资策略的合理性和高效性。

3. 选择合适的融资方法

在不同的企业的成长阶段，依照实际情况选择适合自身的融资方法也可有效规避融资风险。初期的企业资金来源有限，风险承担能力很弱，应考虑采用亲情融资、合伙融资、创业政策融资的方法降低风险；成长阶段的企业，需要扩大生产规模不断增收，需要大量的外部资金注入，可以选择银行贷款或"天使"基金；企业壮大后，收益渐入稳步发展的阶段，企业有一定的能力来承担风险，可以选择风险融资等来进一步扩大企业的市场。

创始企业应充分认识和利用地区政策的融资支持降低风险。熟悉创业地区的融资政策及相应的法律法规，充分利用政策支持，扩大融资渠道，关注新出台的相关政策。相关新政策出台时，创业团队应对创业融资进行全面分析，及时果断地调整融资策略保证企业稳健成长。

4. 保持良好的信用记录

良好的信用记录可以使得金融机构对创业企业未来的成长有更大的信心，降低二次融资的难度。创业企业应强化信用意识，避免恶意拖欠债务，积极履行各项合同协议，树立良好的企业形象。

10.5 创业融资瓶颈及原因

很多大学生认为创业融资是创业最大的障碍。的确，创业融资不成功，初期的企业步履维艰、寸步难行。这是因为创业融资的过程包括了若干小瓶颈，创业者与团队要做足充分的心理准备，并逐一击破，不能奢望一蹴而就的成功。

10.5.1 创业成本规模

认识创业成本、评估融资规模是创业融资道路上的第一个瓶颈。大学生创业者往往会抱怨无法准确评估融资的规模，抱着"走一步、看一步"的心态来对待创业融资。这是因为建立具有高准确度的预测会耗费大量的时间，而这些时间原可以用来销售。但是，不了解创业成本规模会让企业的创始变得十分被动，加大创始企业运行的风险，而且很少会有投资者投钱。其实，评估创业成本并不难，评估创业成本所付出的时间和精力也是物超所值的，创业团队能做到心中有数、掌控自如，更重要的是，合理的财务预测会帮助创业者制订和运行各种计划，有助于公司的成功。

创业成本包括硬成本和软成本。硬成本包括土地要素成本（租用、购买、建筑办公室或厂房）、财产购置成本（机器、工具、工作设施、车辆、办公家具等）、产品成本（原材料、运输、包装、保管）、劳动力要素成本、交通和通信成本、宣传费用（广告、门牌、传单）等。软成本是生产经营中所需要公共环境而支付的交易费用，也称间接成本，包括交易成本与运输成本。

注册一家公司，需进行核名、办理三证（工商营业执照、组织机构代码证和税务登记证)、在银行开户等,一般需要 1 000~5 000 元。创始人还需要把办公场所经费考虑在内,不论是合租、直租、联合办公,除场地租金外,都需要缴纳水电费、物业费等。还需考虑购买电脑、办公桌椅、打印机等办公基本用品的经费。如果是服务型的办公场所需要进行装修,专业设计师的设计费用、施工队的装修费用,也不能忽略。企业还需提前预算亏损或应急准备资金,即当营业支出的收入为负数时,启动这笔资金,企业不能很快盈利的状况十分普遍,让收入尽快进入良性循环是每一个创业团队需要考虑的问题。

人力成本是指企业在一定的时期内,在生产、经营和提供劳务活动中,因使用劳动者而支付的所有直接费用与间接费用的总和。在企业中,人力成本是非常重要的,而企业的人力成本常常被认为是工资或是工资福利等支出,其实不然。首先,人力成本不等于工资。人力成本是指企业在一定的时期内,在生产、经营和提供劳务活动中,因使用劳动者而支付的所有直接费用与间接费用的总和。如果企业给员工支付 1 000 元的工资,那么人力成本绝不会是这直接的 1 000 元,还有其他的间接费用。总之人力成本包括工资总额、社会保险费用、福利费用、教育经费、住房费用以及其他人工成本。

每家公司的情况不同,成本结构类型没有统一的模板。为了更好地估算创业成本,需要集思广益,列出详细的清单,从有形的商品到无形的服务,根据各类项目支出的必要性来排序,看看哪些费用是必须的,哪些费用暂时不列入预算。创业初期应尽量压缩不必要的成本,在预算过程中,应在主要开支的基础上,考虑部分预备费用,以弥补项目进展中不可预见、漏项等增加的费用。

10.5.2 找不到融资出资方

前面已经介绍了获得融资的种种渠道,想获得较大规模的融资,创业者不得不主动吸引"天使"投资人或者风险投资人进行融资。而大学生毕业时人脉积累不足,吸引难度大;涉世不深,存在被骗的风险。这时,创业者可以通过第三方创业中介平台寻找合适的融资出资方来打破这种信息的不对称性。通过第三方中介平台无疑会更加容易,但这和通过自己的努力寻找投资者有一定的相通性。中介组织除了是促进创业融资政策的实施者,对创业者进行评估、为创业者联系到合适的投资者,从而促成融资;还可以为企业的创业融资提供法律咨询,为创业融资企业进行会计核算,保证企业资金链的稳定发展。中介组织亦可以是媒体,且媒体具有较大影响力,是可靠的创业融资中介组织。

有人说"'天使'投资人,基本都是富有的个人和成功创业者,是一个广为分散的群体,喜欢匿名"。想找到他们,最好通过其他融资成功的创始企业负责人、股票经纪人、律师、会计师、商业伙伴、大学教师等进行打探。"天使"投资人往往不希望控股,喜欢联合投资,例如每个"天使"投资人投入 20%左右。所以联系到的"天使"投资人对投资者的企业不感兴趣也没有关系,一个"天使"投资人会给创业者介绍相关方面的投资人,通过一个"天使"投资人可以逐渐接触到更多的"天使"投资人。这一个过程需要耐心和毅力,因此需要创业者提前开始,早做准备,准备好创业融资计划书,摸清行业,保证创业企业项目资料的完整。尽量在当地寻找，因为大多数"天使"投资者乐意将钱投资到本地。

"天使"投资人选择企业的标准是：融资资金在 5 万～20 万美元的企业；5～10 年后，销售潜力达到 200 万～2 000 万美元的企业；已建成的私人所有小企业且销售额增长率在 10%～20%；具有雏形的高科技产品公司。

本章要点回顾

资金作为企业正常生产经营运转所必需的"血液"或"润滑剂"，能否获得稳定的资金来源，及时足额地筹集到生产要素组合所需要的资金，对经营和发展都起着至关重要的作用。在金融市场日益发达的今日，融资已经成为每个企业发展必须经历的过程。

本章的主要内容是创业企业融资，分别介绍了大学生创业融资的现状、创业融资机理及模式、渠道、风险和管理、瓶颈及原因。

即使在金融市场发达的今日，大学生创业仍然会面临资金不足、没有好的融资方案等问题。因此，处理好创业主体、创业融资出资方、政府及创业中介组织三方的关系，是融资者要考虑的问题；同时，大学生也应考虑好自身的条件及创新创业方式，多方面开拓融资渠道，提高融资量，有效规避风险。

习题

1. 名词解释

（1）大学生创业融资模式；（2）债务性融资；（3）权益性融资；（4）合作融资；（5）创业融资风险。

2. 简答题

（1）简述创业融资的内涵。

（2）简单分析大学生创业融资的现状。

（3）简述创业融资的机理及模式。

（4）简述创业融资渠道有哪些。

（5）简述如何规避融资风险，克服融资瓶颈。

3. 思考题

结合本章内容，分析本章案例的融资模式。

课后拓展

本章介绍了创业融资的内涵和渠道，简要分析了大学生创业融资的现状等，但是目前大学生创业大多受资金限制，所以网络借贷成了大学生初次创业常见的融资渠道。请同学们课后针对自身情况，试分析如果你创业，会选择什么样的融资渠道以及从哪些方面规避融资风险呢？

第 11 章

新创企业的管理

内容提要

新创企业的管理是每个创业者都必须要面临的问题,为此,要系统掌握新创企业管理的理论体系及实际操作。本章介绍了新创企业的法律形式、工商税务登记的流程步骤和企业内部管理的策略,分析了可能遇到的风险及应对措施,最后提出了创新性的管理方式。

学习目标

①掌握新成立企业的法律形式;
②熟悉新成立企业注册的程序和步骤;
③了解企业在组织结构、薪酬体系、文化构建等方面的管理方式;
④熟悉企业可能面临的风险及规避措施;
⑤了解企业管理的创新点。

11.1 新成立企业

11.1.1 企业法律形式的选择

新企业创立之前,创业者必须确定创办企业的法律组织形式,如创业者个人独立创办的个人独资企业,由创业者团队创办的合伙制企业,成立以法人为主题的有限责任公司或股份有限公司。对创业者而言,各种法律组织形式各有利弊。无论选择怎样的形式,都必须根据国家的法律法规要求和新创企业的实际情况,科学地衡量各种组织形式的利弊,决定合适的企业组织形式。

1. 个人独资企业

个人独资企业是最古老也是最常见的企业法律组织形式。个人独资企业又称个人业主制企业，是指依法设立，由一个自然人投资、全部资产为投资人所有的营利性经济组织。当个人独资企业财产不足以清偿债务时，选择这种企业形式的创业者须以个人其他财产清偿债务。在各类企业中，该类企业的创设条件最简单。根据《中华人民共和国个人独资企业法》，申请设立个人独资企业应满足以下条件：

1）投资人为一个自然人；

2）有合法的企业名称；

3）有投资人申报的出资；

4）有固定的生产经营场所和必要的生产经营条件；

5）有必要的从业人员。

个人独资企业的成功与否依赖于企业所有者的个人能力。当然，企业所有者也可以雇用有其他技能和能力的员工。

2. 合伙企业

根据《中华人民共和国合伙企业法》，合伙企业是指依法在中国境内设立的、由各合伙人订立合伙协议，共同出资、合伙经营、共享收益、共担风险，并对合伙企业的债务承担无限连带责任的营利性组织。合伙企业一般无法人资格，不缴纳所得税，但缴纳个人所得税。其类型有普通合伙企业和有限合伙企业，两者最大的区别在于有限合伙企业有普通合伙人和有限合伙人两种不同的所有者。其中，普通合伙人对合伙企业的债务和义务负责，有限合伙人仅以投资额为限承担有限责任，后者一般不享有对组织的控制权。另外，普通合伙企业合伙人可以用货币、实物、知识产权、土地使用权或者其他财产权利出资，也可以用劳务出资，而有限合伙企业有限合伙人不得以劳务出资。以下主要介绍普通合伙企业。

除了要有合伙企业的名称、经营场所以及从事合伙经营的必要条件，设立合伙企业还应当具备以下几个条件：

（1）有两个以上合伙人，合伙人应当具备完全民事行为能力，且都是依法承担无限责任者；

（2）合伙人应订立书面合伙协议，协议载明企业的名称、地点、经费范围、合伙人出资额和权责情况等基本事项。

（3）合伙人应当按照合伙协议约定的出资方式、数额和缴付出资的期限，履行出资义务。出资应当是合伙人的合法财产及财产权利。合伙人以劳务出资的，其评估办法由全体合伙人协商确定。

3. 有限责任公司和股份有限公司

公司是现代企业中最主要的企业形式。它一般是指依法设立的，有独立的法人财产，以营利为目的的企业法人。所有权与经营权分离，是公司制的重要产权基础。与传统"两权合一"的业主制、合伙制相比，创业者选择公司制作为企业组织形式的特点是：仅以其所持股份或出资额为限对公司承担有限责任；存在双重纳税问题，即公司盈利要上缴公司所得税，创业者作为股东还要上缴企业投资所得税或者个人所得税。根据《中华人民共和国公司法》（以下简称《公司法》），我国的公司分股份有限公司和有限责任公司（包括一人有限责任公司）两种类型。

有限责任公司简称有限公司，是指根据《中华人民共和国公司登记管理条例》规定登记注册，由五十个以下的股东出资设立，每个股东以其所认缴的出资额对公司承担有限责任，公司以其全部资产对其债务承担责任的经济组织。设立有限责任公司应具备下列条件：

1）股东符合法定人数；
2）有符合公司章程规定的全体股东认缴的出资额；
3）股东共同制定公司章程；
4）有公司名称，建立符合有限责任公司要求的组织机构；
5）有公司住所。

11.1.2 企业的工商、税务登记

2014年7月国务院发布《关于促进市场公平竞争维护市场正常秩序的若干意见》倡导"三证合一"，改革市场准入制度。2015年10月1日起，实行营业执照、组织机构代码证和税务登记证三证合一制度。所谓"三证合一"，就是将企业依次申请的工商营业执照、组织机构代码证和税务登记证三证合为一证，提高市场准入效率；"一照一码"则是在此基础上更进一步，通过"一口受理、并联审批、信息共享、结果互认"，实现由一个部门核发加载统一社会信用代码的营业执照。

按照现行法律法规，创业者注册新公司需要遵循一定的流程，并需要到相应的政府部门登记审批。

1. 公司核名

注册公司第一步就是公司名称审核，即公司核名。创业者需要通过市工商行政管理局进行公司名称注册申请，由工商行政管理局三名工商查名科注册官进行综合审定，给予注册标准，并发放盖有市工商行政管理局名称登记专用章的企业名称预先核准通知书。

此过程中申办人需提供法人和股东的身份证复印件，并提供2~10个公司名称，写明经营范围、出资比例。公司名称要符合规范，如北京（地区名）+某某（企业名）+贸易（行业名）+有限公司（类型）。

2. 经营项目审批

新创企业的经营范围涉及特种行业许可经营项目时，需报送相关部门报审盖章。特种许可项目涉及旅馆、印铸刻字、旧货、典当、拍卖、信托寄卖等行业，需要消防、治安、环保、科委等行政部门审批。特种行业许可证办理，根据行业情况及相应部门规定不同，分为前置审批和后置审批。

3. 公司用章备案

企业办理工商注册登记的过程中，需要使用图章，图章由公安部门刻制。公司用章包括公章、财务章、法人章、全体股东章、公司名称章等。

4. 验资

按照《公司法》规定，投资者需按照各自的出资比例，提供相关注册资金的证明，由审计部门进行审计并出具验资报告。

5. 申请三证联办

三证联办包括工商营业执照、税务登记证、组织机构代码证，需到工商局相关部门提供如下材料进行办理。

1）《名称（变更）预先核准申请书》原件；
2）法人代表身份证原件及复印件；
3）公司或企业章程原件及复印件；
4）房产证明复印件并加盖产权单位公章或产权人签字；
5）内资申请书产权人签字或盖章；
6）《申请多证联办（三证合一）指定（委托）书》；
7）《指定委托书》。

6. 办理税务登记证

税务登记证应到当地国税局办理。办理税务登记证应提供的材料包括：企业营业执照副本、组织机构代码证副本、经营场所产权证及租赁合同复印件、法人身份证、公司章程、验资报告及公章。

7. 银行开户

新创办企业需设立基本账户，企业可根据自己的情况选择开户银行。银行开户应提供的材料包括：营业执照正本、组织机构代码证正本、法人身份证、公司公章/法人章/财务专用章、国地税务登记证正本等。

11.2 企业的内部管理

管理是伴随企业整个生命周期的企业活动，在企业发展中发挥着至关重要的作用，其目的是协调好人力、物力和财力资源以使得整个组织活动更加富有成效。其中，企业进行内部管理的途径主要是组织构建、薪酬体系以及企业文化建设，目的在于强化组织凝聚力、加强部门间合作、提高组织的执行力，这有利于企业的长远发展。

11.2.1 组织结构的选择

组织结构，是指在组织理论指导下，为了实现组织目标，经过组织设计形成的组织内部各部门、各层次之间固定的排列形式，即组织内部的构建方式。

企业组织结构的类型是多种多样的，没有一种组织机构模式适用于所有企业。企业设置组织结构必须结合自己的文化背景、发展战略、经营策略等实际情况，选择适合本企业的组织结构模式。企业组织结构一般有以下几种形式。

1. 直线型

直线型组织结构，是指上下级职权关系贯穿于组织的最高层到最低层，从而形成一种指挥链的组织结构形式。直线型组织结构是最简单、最古老的组织结构形式。在这类组织中，各种职务按垂直体系直线排列，各级主管拥有对下属的直接领导权，每一名员工只能向一个直线上级汇报，组织中不设置专门的职能部门。在直线型组织结构中，管理者的职责与职权直接对应组织目标。

适用范围：没有实行专业化管理的劳动密集、机械化程度较高、规模较小的企业。

2. 职能型

职能型组织结构，是指各级行政单位除设置主管负责人之外，还相应地设立部分职能机构。在组织中按照专业及分工设置职能部门，各部门在自身业务范围内有向下级发布命令的权利，每一级组织不仅要服从上级的指挥，还要服从各职能部门的指挥。

企业采用职能型组织结构目标在于提高企业内部效率及技术专业化程度，适合外部环境相对稳定，技术相对成熟，跨职能部门间依存程度不高的小型或中型企业。

职能型组织结构也存在明显的缺点：1）妨碍了统一领导和集中指挥，容易导致多头领导；2）在中级管理层容易出现"有功大家抢，有过大家推"的现象；3）当上级行政领导和职能机构的命令、指导发生冲突时，下级无法得到明确的命令，容易造成纪律松弛，生产管理秩序混乱。

由于上述突出的缺陷，现代企业一般都不采用职能型组织结构。

适用范围：中小型企业。

3. 直线-职能型

直线-职能制也称生产区域制或直线参谋制度，它是在吸取了直线型和职能型两者优点的基础上建立起来的组织结构，目前绝大多数企业都采用这种组织结构形式。

在这种组织结构形式中，企业管理机构和人员分为两类，一类是直线领导机构及人员，其按照命令统一原则对各级组织行使指挥权；另一类是职能机构及人员，其按照专业化原则，从事组织各项职能管理工作。其中，直线领导机构及其人员在自身责权范围内有一定的决定权和对所属下级的指挥权，此外，需要对自己部门的工作承担全部责任。职能机构及其人员，只能作为直线指挥者的参谋者，不能对直接部门发号施令，只能对直接部门进行业务上的指导。

适用范围：劳动密集、规模较大、重复劳动的大中型企业。

4. 矩阵型

矩阵型组织结构，是指把按照职能划分的部门和按照产品划分的部门综合起来构成一个矩阵的组织结构形式。在这类组织中，产品经理和职能经理拥有同样的职权，同一名员工在与原职能部门保持组织与业务上联系的同时,也要参与到产品或项目小组的工作中。矩阵型通常适用于从事项目管理的企业,为完成某一项目,从各职能部门抽调人员组成项目小组,当项目完成后,项目小组内各人员重新分配工作,项目经理撤销。在这种结构中,一个员工对应一个上级的传统原则被打破,一个员工可以属于两个甚至两个以上的部门,多数员工要同时向两个经理负责,一方面要服从项目的管理,另一方面要服从公司各个职能部门的管理,从而形成一种矩阵形式。

适用范围:矩阵型组织结构适用于员工素质较高、技术复杂、需要集中各方面专业人员集体攻关某一项目的企业,如研发型企业、软件公司、工程企业、航天航空企业等。

5. 事业部型

事业部型结构也称产品部式结构或"M"型组织结构。最早采用这种组织结构的是美国通用汽车。在经过多年的不断完善后,事业部型组织结构最终形成目前相对标准化的分权式结构。其所实行的分权化管理,就是指在企业统一领导下的每个事业部负责本部的生产、销售等全部活动,形成各自的利润负责中心,且有较大的生产经营权。在这种结构中,各个事业部独立经营、独立核算,并有自己的产品和特定的市场,拥有经营自主权。但事业部不是法人,也不是独立的公司,它必须在获得公司委托的前提下才能签订合同。

适用范围:规模大、产品多、市场分散的企业。

11.2.2 薪酬体系的构建

1. 薪酬的含义

薪酬是企业对员工为组织所作贡献的一种回报,可以看作是员工与企业之间的一种交易行为。员工向企业付出了劳动,企业为员工提供相应的货币或非货币的报酬。

薪酬可分为直接薪酬和间接薪酬,其中直接薪酬主要包括基本工资、奖金、补贴与津贴、股权,间接薪酬则主要指福利。

(1) 基本工资

根据员工提供的劳动数量和质量及其职位、能力、价值核定,按照一定标准支付的劳动报酬,是工资额的基本组成部分,这是员工工作稳定性的基础,是员工安全感的保证。基本工资分为基础工资、工龄工资和职位工资等。

(2) 奖金

奖金是对员工超额劳动的报酬,常见的有全勤奖金、生产奖金、年终奖金、效益奖金等。

(3) 津贴与补贴

津贴与补贴指员工在特殊劳动条件下、工作环境中额外劳动消耗和生活费额外支出的工资补充形式。通常把与工作相关的补偿称为津贴,把与生活相关的补偿称为补贴。常见的津贴有岗位津贴、加班津贴、轮班津贴等。

(4) 股权

以企业的股权作为员工薪酬，可以看作是企业的一种长期激励手段，有助于提高员工的工作积极性，能够使其为实现企业长期利润的最大化而努力。

(5) 福利

福利是员工的间接报酬，包括健康保险、带薪假期、文化娱乐设施等。

2. 薪酬的作用

一个完整的薪酬体系应该同时具有保障作用、激励作用和调节作用。

(1) 保障作用

保障作用主要通过基本工资来体现，企业给予员工的薪酬至少能够保障其基本生活需要，维持家庭生活与发展，不然会影响员工的基本生活，进而对社会劳动力的生产和再生产造成一定影响。

(2) 激励作用

一个完善且具有竞争力的薪酬体系能够更有效地吸引人才，充分地调动员工的积极性。激励作用主要体现在薪酬结构中相对灵活的部分，与基本工资等相比，奖金和股权更加具有激励作用。

(3) 调节作用

通过向员工提供各类保险和福利待遇，企业可以有效地增强员工对企业的信任感和依赖感，从而提高企业凝聚力，形成良好的组织氛围。

3. 影响薪酬的因素

薪酬体系的构建会受到诸多因素的影响，企业在具体实施时，应根据实际情况，全盘考虑做出合适的选择。影响薪酬的因素可以归纳为三类：外部因素、内部因素和个人因素。

(1) 外部因素包括政府法令、经济、社会、工会、劳动市场、团体协商、生活水平等。

(2) 内部因素包括财务能力、预算控制、薪酬政策、企业规模、比较工作价值、竞争力、公平因素等。

(3) 个人因素包括资历、绩效、经验、教育程度、发展潜力等。

具体来讲，影响企业薪酬体系构建的因素主要有劳动力市场、企业战略、职位、资质和个人绩效五个方面。

1) 劳动力市场。劳动力市场的供求状况会影响薪酬水平。

2) 企业战略。企业的总体战略决定了薪酬支付的总体水平、结构及方式。

3) 职位。员工职位所对应的工作复杂程度、责任大小及任职资格等是决定员工薪酬水平的重要因素。

4) 资质。资质指的是员工所具有的知识、技能、个性及经验等能有效地驱动其取得工作绩效的各种特性。

5) 个人绩效。员工的个人绩效反映员工工作的完成度及目标的实现程度，是衡量员工在组织中贡献的重要因素。

4. 薪酬设计的步骤

构建薪酬体系必须将企业的实际情况与企业的战略和文化紧密结合，系统全面地考虑各方面因素的影响。同时，薪酬体系的设计体现对内的公平性和对外的竞争性，关注绩效等激励性因素，使人力资源产生最有价值的应用，以充分发挥薪酬体系在企业发展中的积极作用。

（1）薪酬调查

进行企业薪酬现状调查、薪酬影响因素调查以及行业薪酬水平调查，调查的目的在于提高企业薪酬的对外竞争力。

（2）薪酬定位

分析同行业的薪酬数据后，根据本企业的具体情况选用不同的薪酬水平。

（3）确定薪酬原则和策略

在充分了解企业薪酬现状的基础上，确定本企业薪酬的分配依据，进而确定分配原则与策略。

（4）职位分析

职位分析是构建薪酬体系的基础性工作。明确部门职能和职位关系，进行岗位职责分析，形成职位说明书。

（5）岗位评估

岗位评估的重点在于解决薪酬体系的对内公平性问题。一方面，能够比较企业内部各职位的相对重要程度，给职位排定等级；另一方面，建立统一的职位评估标准，使不同职位之间具有可比性，为实现薪酬分配的公平性奠定基础。

（6）薪酬结构设计

由于各个企业所关注的内容不同，使得企业在构建薪酬体系时所采取的策略和原则有所差别。企业在进行薪酬体系设计时往往会考虑职位层级、所属职系、员工技能和资历及绩效等多方面因素。

（7）薪酬体系的实施与修正

对总体薪酬水平做出准确的预算，在具体实施过程中，通过修正来不断完善薪酬体系。

11.2.3　企业文化的构建

1. 企业文化的内涵

企业文化是指企业中形成的一种人们所共有的经营理念、信仰和行为准则，是企业中所有员工的集体价值观。企业文化能够在企业中营造一种和谐、轻松、积极、具有浓厚感情色彩的文化氛围，有效增强团队成员的责任感，使员工树立起团队意识以及与企业荣辱与共的信念。现代企业文化理论的诞生是世界经济发展和管理变革的必然趋势。

2. 企业文化的构成

企业文化由显性和隐形两部分内容构成：显性部分指的是组织标志、厂服、商标、工作环境、规章制度、经营管理行为等；隐形部分指的则是组织哲学、价值观、道德规范、组织精神等。

为了更好地理解企业文化的整体内容，我们具体分四个层次对企业文化进行分析和研究，即物质层、行为层、制度层和精神层。

(1) 物质层

物质层文化是企业文化中最直观的部分，包括企业的产品、生产经营过程，以及企业环境、企业广告等人们可以直接看到或接触到的部分。企业的产品是企业文化物质层中最重要的组成部分，这种产品包括有形的产品和无形的服务。有形产品包括产品实体、质量、特色、品牌和包装；无形服务包括产品给购买方带来的附加利益，以及能够使购买方产生信任感的售后服务、产品保障、产品声誉等。

(2) 行为层

行为层文化又称企业行为文化，指的是企业员工在生产经营、学习娱乐中产生的活动文化，主要包括企业经营、人际关系活动、教育宣传、文娱体育活动中产生的文化现象。它能够动态地展现企业经营作风、精神面貌及人际关系，是企业精神和企业价值观的折射，可将其分为企业家的行为、企业模范人物行为以及企业员工行为。

(3) 制度层

制度层文化是具有企业文化特色的各类规章制度、道德规范和员工行为准则的总和。制度层在企业文化中处于中层位置，相当于精神与物质的中介。

企业制度文化必须适应精神文化的需要，人们总是在正确的价值观引导下建立企业制度，使企业制度与组织目标相适应，从而保障企业战略目标的实现。反过来，企业制度文化又是企业精神文化的基础和载体，成形的企业制度会影响人们对于新的价值观的选择，为新的精神文化的诞生奠定基础。

此外，企业制度文化也是企业行为文化得以贯彻的保证，企业制度的确立能够有效地保障员工行为的合理性与严谨性，体现企业良好的经营作风与精神面貌。

(4) 精神层

精神层文化是指组织员工长期形成并共同接受的思想意识活动，是一种深层次的文化现象，包括组织目标、组织哲学、组织精神、组织道德和组织宗旨等。

精神层是企业文化的源泉、核心和灵魂。企业精神不仅能反映出与生产经营密切相关的企业本质特征，而且能反映企业的经营宗旨和发展方向，以及组织存在的价值及其对社会的承诺。

3. 企业文化构建的原则

企业文化通常是在某种生产经营环境中，为适应企业生存和发展的需要，由企业内少数人倡导和实践，经过较长时间的传播，在规范管理的基础上逐步形成的。企业文化的建立一般都要经历一个完善、定型和深化的过程，且新的思想和观念需要不断实践，只有在长期实践中不断运用集体智慧对企业文化进行补充和修正，才能够使其逐步趋于明确和完善。企业文化构建必须坚持以下原则：

(1) 树立正确的企业价值观

企业价值观是以企业为主体的价值观念，其不仅是企业文化的核心，也是企业的导向。企业文化所包含的所有内容都是在价值观的基础上产生的，企业的所有活动也都是在企业价值观的指导下开展的。

构建企业文化，首先要树立正确的、独特的企业价值观，这种价值观必须能够反映企业自身的利益和员工利益，在企业中发挥凝聚力和向心力的作用。正确的价值观能够调动员工的积极性，使其将个人利益与企业利益结合起来，为实现企业目标而奋斗。

(2) 适应时代发展，与时俱进

不同的时代带来不同的精神，企业文化也要与时俱进，反映时代的变化。随着时代的变迁，社会环境不断变化，企业文化随之也要有所创新，以适应政策的需要和时代的变革。例如，我国目前大力加强生态文明建设，环境效益已经成为发展中不可忽略的部分，企业在确立自己的企业文化时，必须准确地把握这类时代特征，顺应时代潮流。

(3) 明确企业目标

企业目标是企业战略的最终体现，是企业文化的具体表现。只有具有明确目标的企业，才会有感召力和吸引力，才能有效引导员工。企业的目标必须具体、明确、切合实际，正确的目标是全体员工共同奋斗的目标，能够把员工团结起来，提升企业凝聚力，成为企业文化强有力的支撑。

(4) 集体参与

企业文化并非单靠领导者的力量就能形成。作为一种文化，它是一种群体意识，只有引起全体员工的共鸣，得到所有员工的认同，才能真正形成一种企业文化。没有集体的参与，企业文化只会是毫无号召力的一纸空文。企业文化的形成与完善过程，也是企业文化在员工中推广的过程。

(5) 保证企业文化的独特性

企业在业务、行业环境、员工素质和国度等方面存在的差异，使其产生的企业文化是各式各样的。企业在进行文化建设时，必须保持企业的个性特点，不能千篇一律地挪用别人的东西。只有保持企业的特点，才能在竞争中独辟蹊径，树立起引人注目的企业形象。例如，"海底捞"改变传统餐饮行业中标准化、单一化的服务，提倡个性化的特色服务，用细致入微的服务树立起独特的企业形象，扩大了企业的知名度和在行业内的影响力。

(6) 继承传统

企业文化的形成并非一日之功，在企业文化发展的过程中，会留下许多优良的、独特的传统。企业要长久地发展下去，也需要保持传统的延续。如"可口可乐""雀巢"等企业的品牌文化和传统精神，大都是经过长期沉淀而形成的企业的宝贵财富。传统是企业精神的延续，对待企业文化也应当采取批判继承的态度，不断提炼和升华企业精神，完善企业文化。

11.3 企业的风险管理

创业过程需要承担包括负债、资源投入、新产品和新市场的引入以及关于新技术的投资等各种风险,而承担风险的同时也代表着把握机会。从财务角度看,高报酬往往意味着高风险。德鲁克在《创新与企业家精神》一书中指出,成功的创业者不是盲目的风险承担者,他们采用各种方法降低风险,以提升竞争地位。

11.3.1 创业风险的构成与分类

1. 创业风险

创业风险是指在企业创业过程中存在的风险,是指由于创业环境的不确定性,创业机会与创业企业的复杂性,创业者、创业团队与创业投资者的能力与实力的有限性而导致创业活动偏离预期目标的可能性。创业风险主要指在创业过程中所面临的三个问题:1)可能造成的损失;2)损失造成的影响;3)这些损失的不确定性。

创业风险主要有以下几个特点:

(1) 客观存在性

在创业过程中,由于内外部环境的不确定性,变化的环境因素会对创业活动产生正面或负面的影响,导致创业活动可能偏离预期的目标,所以创业风险的存在是客观的。它要求创业者认识企业成长发展规律及其风险,并以科学的方法应对创业过程中的各种风险。

(2) 不确定性

创业的过程往往是指创业者一个"创意"或创新技术市场化的过程。在这一过程中,创业者面临来自外部和内部的各种难以预知的变化,如政策和法规的变化、遭遇市场竞争对手的排斥、供应商或消费者的变化、投资方资金到账不及时、创业团队成员目标不同而散伙等,从而导致创业失败。

(3) 相对性

创业风险总是相对于项目活动主体而言的,同样的风险对于不同的主体有不同的影响。创业者的风险承受能力主要受收益和投入的大小影响。

(4) 可变性

当创业的内部与外部环境发生变化时,必将引起创业风险的变化,主要包括创业过程中风险性质的变化、风险影响发生的变化,以及出现新的风险三个方面。

(5) 可识别性和可控性

风险是可以被识别的,也是可以被控制的,可根据过去的相关资料判断某种风险发生的可能性与造成的不同程度的不利影响,通过适当的对策回避风险或降低风险发生的损失程度。

2. 创业风险的要素

构成风险的要素包括风险因素、风险事件、风险损失三个方面。

(1) 风险因素

风险因素是指增加风险事故发生的频率或严重程度的事件。风险因素从形态上可以分为物的因素和人的因素,如生产线上的关键设备故障为物的因素,违背法律、合同或道义的规定,发生的行为给他人造成财产损失或人身伤害为人的因素。

(2) 风险事件

风险事件也称风险事故,是指酿成事故和损失的直接原因和条件。风险事件是风险因素综合作用的结果,是产生风险损失的原因,也是风险损失的媒介。

(3) 风险损失

风险损失是指非故意的、非预期的和非计划的经济价值的减少和灭失,包括直接损失和间接损失。直接损失包括财产损失、收入损失、费用损失等;间接损失包括商业信誉、企业形态、业务关系、社会利益等损失,以及由直接损失导致的二次损失。

3. 创业风险的分类

(1) 按照内容划分

创业风险按照内容可分为政治风险、市场风险、技术风险、生产风险、管理风险和经济风险。

1) 政治风险是指由于战争、国际关系变化或有关国家政权更迭、政策改变而导致创业者或企业蒙受损失的可能性。

2) 市场风险是指由市场情况的不确定性导致创业者或创业企业损失的可能性。

3) 技术风险是指由技术方面的因素及其变化的不确定性而导致创业失败的可能性。

4) 生产风险是指由创业企业提供的产品或服务从小批试制到大批生产而产生的风险。

5) 管理风险是指由创业企业管理不善产生的风险。

6) 经济风险指由于宏观经济环境发生大幅度波动或调整而使创业者或创业投资者蒙受损失的风险。

(2) 按引发风险的环境因素划分

创业风险按引发风险的环境因素可分为系统性风险和非系统性风险。

1) 创业的系统风险是指由创业外部环境的不确定性引发的风险,是创业者和企业无法控制或无力排除的风险,如政府政策、宏观经济和社会文化等带来的风险。这类风险是创业者无法控制或消除的,只能在创业过程中设法规避。

2) 非系统风险是指由非外部因素引发的风险,即与创业者、创业投资者和创业团队有关的不确定性因素引发的风险。非系统风险可以通过创业各方的主观努力而控制或消除,如技术风险、管理风险、市场风险等,对于这类风险,创业者需要设法加强控制。

系统风险和非系统风险的构成和内容见表 11-1。

表 11-1 系统风险与非系统风险

风险类别	风险构成	具体内容
系统性风险	政策法规风险	创业政策的支持程度、相关法律法规的健全程度
	宏观经济风险	宏观经济状况、经济景气指数变动、通货膨胀
	金融与资本市场风险	利率变动情况、创业信贷、资本市场规模与健全程度
	社会风险	社会认可度、中介服务机构以及基础设施完善程度
非系统风险	技术风险	研发风险、商业化风险、技术淘汰风险
	生产风险	生产工艺与设备、生产资源获取的难度、资源配置的合理程度
	财务风险	融资风险、追加投资风险、财务管理风险
	管理风险	经营决策和战略规划的合理性、管理层的综合素质和能力、企业管理制度的科学性和合理性
	人员风险	流动性风险、契约风险、道德风险

11.3.2 风险防范的途径

1. 系统性风险防范

(1) 创业前

1) 了解各地各级政府的创业优惠政策。为支持不同的创业人群，国家和地方各级政府出台了多项优惠政策，涉及融资、开业、税收、创业培训、创业指导等方面。

2) 了解国家相关法律法规。避免以投机心理和冒险行为替代理性的法律思维。创业者只有懂法、守法，并依法保护自己的合法权益，才能确保创业行动稳健与长久。

3) 正确选择创业方向。创业者在创业前要做好市场调研，在了解市场需求和预测市场未来发展方向的基础上选择正确的创业方向，充分了解相关行业的发展规律、未来前景、经济变化趋势、行业发展趋势和市场竞争状况。

(2) 创业过程中

创业者应保持与外界等信息获取和沟通，实时了解国家政策、经济发展状况和法律法规的最新变动情况，掌握所在行业最近的技术革新信息。

由于企业外部环境风险的客观性，创业者必须在企业内部建立一套应对环境风险的预警管理系统，以监测与评估外部环境对企业的影响，明确企业面临或可能面临的不利环境因素。这样就可以建成防范企业外部环境风险的有效机制，确保企业处于一个相对安全的环境之中。

2. 非系统性风险防范

(1) 创业前

1) 调整心态。创业者要做好面对创业困难坚持不懈努力的心理准备，学会以良好的心态去面对失败，及时总结错误，吸取教训，绝不气馁，就能够找到成就事业的新起点。

2）积累创业经验。对于初次创业的创业者而言，一方面在明确创业目标之后，要去与新创企业相关行业的企业学习或实习，积累经营管理经验；另一方面，应积极参加创业培训，了解市场变化和行业信息，接受专业指导，积累创业知识，提高创业成功率。

3）准备资金，多渠道融资。除银行贷款、自筹资金、民间借贷等传统途径外，也要充分利用风险投资、"天使"投资、创业基金等融资渠道。

4）锻炼能力。很多初次创业者在技术上出类拔萃，而理财、营销、沟通、管理方面的能力明显不足。要想创业获得成功，创业者必须技术和管理两手抓。

(2) 创业过程中

1）提高管理能力。管理是否合理和科学直接关系到企业的生存和发展。管理风险的防范可以归结为：建立创新激励机制；建立人才储备机制；构建法人治理结构。

2）防范市场风险。市场风险是导致创业企业失败的最主要因素之一。对于新创企业来说，由于市场本身所具有的不确定性，开拓市场是一项挑战性的事业。具体的防范可从以下三方面入手：加强营销队伍建设，缩短市场接受时间；强化市场战略，增强企业竞争力；市场导向，完成产销预算。

3）建立有效的财务预警机制。分析导致企业失败的管理失误和波动，运用财务安全指标预测企业财务危机，有效解决资金的可获得性和持续支持，提高资金使用效率，并不断调整自身，达到摆脱财务困境的目的。

4）强化技术风险的防范意识。技术风险防范是指决策者对技术风险进行识别、预测，并采取有效措施进行风险回避、转移、削减的行为，可借鉴"木桶原理"保证整个技术系统的均衡性。

11.3.3 创业者风险承担能力的评估

德鲁克指出，成功的创业者不是盲目的风险承担者，而是通过市场调查、风险评估等方法来降低不确定性，增强市场竞争力。

1. 创业者风险承担

创业者风险承担是指创业者在不确定环境下开展创业活动的意愿，或者愿意承担风险和容忍不确定性的程度。创业活动最主要的因素是风险评估和风险承担。对于创业者而言，在创业准备阶段和创业过程中面对来自宏观环境、市场、消费者、供应商等的各种不可知和不确定性的时候，只有那些愿意承担风险的个体和企业才有生存和成功的可能性。

风险承担是创业者在创业过程中表现出来的重要行为特征。在风险面前，创业者的行事风格存在着差异。

2. 创业者的风险倾向

早期学者们认为创业者个性特征之一便是风险承担倾向。经济学家凯特（Knight）把创业者定义为"管理不确定性的人"。早期的创业特质理论认为所有人在发现创业机会上是平等的，但人们的某些个性领域，如对风险的态度和行为，决定了他们是否愿意成为创业者。

创业者界是一个新创企业的所有者兼管理者,并不在其他单位工作,承担和控制风险的能力是创业者成功的关键,但成为创业者与高风险承担的相关性不明显。

现实中,人们通常认为创业是一种高风险行为,创业者在开展创业活动时往往面临着环境、市场和资源高度不确定的情况,毫无疑问他们要承担一定的、甚至更大的风险。除部分创业者确实因为性格与所处环境的影响而更倾向冒险外,大多数成功的创业者必然需要探索出合理规避和控制风险的办法。

3. 风险应对策略

风险管理和控制主要是在风险分析的结果上采取的必要应对手段,最大限度地减小损失的频率和幅度,使这些损失更具有可预报性。为降低高技术企业创业的风险,常用的风险应对策略有风险规避、缓解、转移、自留以及这些策略的组合。

(1) 风险规避

风险规避是指通过有计划的变更来消除风险或风险发生的条件,保护目标免受风险的影响。风险规避适用于以下两种情况:一是某种特定风险发生的可能和造成的损失程度相当高;二是其他风险防范措施所需要的成本高于该项活动所产生的经济收益。为尽量避免经济损失,创业者应当在创业活动开展之前就采取相应的措施,以达到风险规避的目的。

(2) 风险缓解

风险缓解是指通过风险控制措施来降低风险的损失或影响程度,消除风险因素,主要措施包括降低风险发生的可能性、控制风险损失、分散风险以及采取一定的后备措施等。

(3) 风险转移

风险转移是指企业为避免承担风险损失而有意将损失或与损失相关的收益转移给其他企业的方式。

(4) 风险自留

风险自留又称承担风险,是指由高技术企业创业者自身承担风险损失。风险自留是以一定的财力为前提条件使得风险发生的损失得到补偿的方式。风险自留可能使创业者面临更大的风险,因而该策略更适合应对风险损失后果不严重的风险。

(5) 风险应对组合策略

风险应对组合策略是指根据实际情况将风险规避、风险缓解、风险转移、风险自留等策略进行综合运用,以降低风险发生的概率或者减少风险事件发生后所造成的损失。高技术企业创业环境很复杂,因而更多的时候是同时面对多种风险的,其对风险应对组合策略的要求也相对较高。

11.4 企业的成长管理

创业企业的发展是对自身不断进行审视,对企业发展定位及运行模式不断进行优化和调整的过程。这就意味着,创业企业在创立后并不能自发地进入快速成长的阶段,而需要其不断地调整和改进最初设定的发展定位，检验并完善原来设计的商业模式，探索并建立稳定的业务组合，不断充实企业管理团队。在创业企业不断探索和寻求发展的过程中，科学有效的管理必不可少，而要对创业企业实施科学有效的管理，必须充分认识其成长过程及不同阶段的发展特征和管理需求。

企业在不同成长阶段所具备的特点存在差异，因此针对不同发展时期的创业企业，企业的管理要求也有所不同。在这里，以企业成长理论框架为基础，主要将创业企业的生命周期分为创业期、婴儿期、学步期、青春期和成熟期五个阶段。

1. 创业期

创业期指的是企业从无到有的过程，即企业的孕育过程，指的是将一个技术概念或构想进行商业化开发，也就是我们通常所说的狭义创业过程。

（1）创业期企业的主要特征

创业是一个非常艰难的过程，一般创业者要从零起步，充分接受自己所要开展的创业活动，并建立足够的自我承诺，将创业作为重要的事业，有足够的热情推销自己的构想，寻找愿意承担风险、分享承诺的投资人。创业者可能会经历多次挫折和打击，必然还要接受其他要素所有者对自身的检验，包括对个人素质、品德的考察，以及对技术或商业构想的验证等。

探索是创业期最主要的特点，也是创业活动多元主体的共同行为。

（2）创业期企业的管理要求

创业期管理的重点在于创业者的个人行为。由于创业阶段企业还没有成立，充沛的激情、坚韧的性格、坚定的信念等是这个阶段创业者必须具备的精神和特质，对于创业成功至关重要。创业者若是缺乏这种素质，难以承受创业过程中的各种磨难，就只能使创业停留在梦想阶段。

创业者要将目标与行动有效地结合起来，既要有长期的奋斗目标，着眼于企业的长远发展；也必须认识到创业活动本身的探索性特征，要在做中学，在实践中总结经验。

创业者要以积极的态度对待创业活动，进行充足的知识储备，以审慎的行动推进创业活动，同时做好心理和能力等多方面准备。

2. 婴儿期

创业企业一旦诞生，对其的管理就需要转变为组织化的管理，这种管理必须依据这个阶段组织的基本特征进行。

（1）婴儿期企业的主要特征

婴儿期企业作为一个刚具备初始形态的组织，组织结构处于建设过程中，因此首先要明确创业团队中各成员的组织身份。其次，市场拓展在这个阶段是非常重要的任务，创业企业需要培养或引入市场营销人才，建立营销机构或网络，进而提高组织的复杂性。此外，婴儿期企业必须持续进行资源筹措行动，并以保持企业生存为首要任务，同时保持探索性特征。

（2）婴儿期企业的管理要求

婴儿期企业的制度、政策、预算等各方面都还非常有限，因此创业企业的探索和发展仍较大程度地依赖创业者个人或团队。由于初期创业企业的不确定性和市场环境的多变性，可能使创业者出现恐慌的心理。此外，内部机制的建立和外部市场的拓展等多元化劳动使得创业者忙碌不堪。

在这个阶段创业者必须保持持久的创业热情，对企业倾注极大的耐性。创业者及其团队必须意识到不确定性是这个时期的特点，企业管理不能依靠外来的职业化团队，不要过早地建立太多死板的制度，要时刻关注环境变化，努力强化自己取得现金的能力。

3. 学步期

创业企业度过了艰难的婴儿期后，自信程度得到了提高，便开始尝试站立，满怀希望地步入学步期。

（1）学步期企业的主要特征

1）随着企业业务不断拓展，企业发展壮大，学步期企业已经建立了相对稳定的组织结构和管理团队。

2）企业产品已经得到市场认可，与供应商、客户等形成稳定密切的合作关系。

3）企业开始有稳定的现金流产生，对外部资源的依赖性降低。

4）企业的发展会使一些创业团队自信心膨胀，甚至失去理智做出不该有的决策和承诺。

（2）学步期企业的管理要求

1）完善企业内部机制，将创业者的激情转变为理智的思考，将企业活力转变为稳定的企业结构与制度，完善企业制度，进而形成集体决策、分工合作的工作机制。建立和完善稳定的管理团队，加强企业的规范化、制度化建设。

2）避免盲目扩张。在企业拥有稳定现金流的前提下，创业者及其团队必须意识到企业资源是有限的，对自身进行正确的定位。

3）制订合理的企业发展计划。依据创业计划或商业计划书确定的企业发展目标，确定企业各项业务的开展顺序，分清轻重缓急，合理安排时间，有效利用各类资源。

4. 青春期

青春期是企业从建立到成熟的过渡阶段，伴随企业经营管理复杂程度的提高，各类矛盾纷纷显现。

（1）青春期企业的主要特征

矛盾是青春期企业的主要特征。随着企业在市场上站稳脚跟，企业具备了一定的剩余资源，发展成为创业团队共同的问题。在企业应如何发展这个问题上，各方可能会持不同的观点，未来发展战略则成为矛盾的焦点。此外，业务规模的扩大和股东的多元化使企业的管理活动日益复杂，可能导致人员之间产生矛盾和冲突。

青春期企业面临的最大问题就是管理风险，如果不能从青春期实现转化，完成从感性探索到理性战略的转换，那么企业会很容易陷入混乱。

(2) 青春期企业的管理要求

1)明确企业内部管理团队的分工,使创业者和管理团队同时掌握一定的权力,建立平等的合作关系。

2)确定企业战略和发展愿景,重新定义企业使命、经营宗旨和发展方向等要素,使之得到企业员工的认可,达成广泛共识。

3)依据组织使命、宗旨和战略目标建立规章制度,同时,对于战略的执行、制度的落实和对各种矛盾的处理与协调,企业都必须做好缜密的计划,不能急于求成,要安排好切实可行的步骤与措施。

5. 成熟期

企业的资源较为丰富、内部管理相对完善,是企业取得成就的最佳时期。

(1) 成熟期企业的主要特征

进入成熟期的企业具备了稳健成熟的特点,企业按照制度规范有序运作,依据既定的公司战略稳健发展。成熟期企业产品形成规模,技术上建立了优势,开始进入高峰期。然而,制度化建设的同时强化了组织刚性,企业与外部环境的互动减少,使得企业的灵活性减退甚至消失。

(2) 成熟期企业的管理要求

在成熟期,创业者及其团队必须保持年轻的心态和创业的激情。企业管理层必须密切关注外部环境的变化,适时推进企业内创业,促进产品技术创新,培育年轻事业。加强企业文化建设,将创新创业精神确立为企业的核心价值。通过创新创业的精神保持管理者的好奇心并激发企业员工的探索精神,使企业能够与时俱进。

11.5 企业管理创新

管理创新是指依据现代企业制度的要求,舍弃传统的管理模式及相应的管理方式和方法来创建新的管理模式,创造一种更有效的资源整合范式。这种范式既可以有效地进行资源整合,也可以做到细节管理。

在知识、技术、产品创新速度不断加快的时代,企业成长的可持续性引起了管理者极大的重视。管理创新是为了适应系统内外变化而进行局部和全局的调整,管理者要对企业所面临的障碍与阻力有清晰的认识,制订严谨、完善的创新实施计划,以适应企业发展的需要。

案例11.1

湖北某高校计算机学院毕业生万某于2013年7月创立了家政O2O平台,获得了数百万人民币"天使"投资。

该平台是一款基于LBS的家政O2O应用,是类Uber、Homejoy式的垂直平台,力图作为制定服务标准的渠道连接起海量的家政人员和消费者,做成全品类家政服务。用户可通过

APP、官方网站、电话直接预约家庭保洁、衣物干洗、鞋具护理的服务。一年的发展之后，该平台成为"家政O2O"代表企业，率先提出建设标准化服务、对家政人员进行员工化管理、年轻化建设，在用户和业界获得良好口碑，家政人员于2014年10月率先完成数千万美元B轮融资。

平台对小时工采取统一聘任和管理的制度，区别于中介的角色，对家政人员进行培训、服务评价的系统管理。这一"重模式"保障服务质量之余，无疑增添其运作成本和难度，为实现盈利预留更多不稳定因素。

本章要点回顾

本章所涉及的内容是新创企业的管理，分别介绍了成立新企业的流程，如何进行企业内部管理、风险管理、成长管理，以及开展企业管理创新的途径。

创业者在创立企业之初，需要对企业有明确的定义和规划，首先应当明确企业的各类法律形式，包括个人独资企业、合伙企业、有限责任公司和股份有限公司。其次要明确工商税务登记的流程，相关审核登记项目包括公司核名、经营项目审批、公司公章备案、验资、申领营业执照（组织代码证或税务登记证）、银行开户、购买发票等。创业者需对企业进行清晰的定位，且必须满足社会道德的要求。再者，企业要制定合理的组织运营架构和薪酬体系，创造良好的企业文化氛围，以提高企业的凝聚力和团队创造力，保证企业能够迅速稳定地发展。

随着企业业务和规模的不断扩大，企业在市场中面临的风险不断增多，这就要求企业能够正确地识别风险，通过管理活动将风险可能带来的不良影响降到最低。

企业发展是一个成长的过程，且企业在各个成长阶段所具备的特征存在差异，因此企业管理者应当采用合理的管理手段和方式适应企业在不同阶段的发展。企业在进行本企业管理时，应当依据自身实际情况进行管理创新，创造更有效的资源整合模式。

总的来看，管理活动是伴随着企业产生的，新创企业必须对企业管理有明确的认识。

习题

1. 名词解释

（1）个人独资企业；（2）组织结构；（3）企业文化；（4）创业风险；（5）系统风险；（6）非系统风险。

2. 简答题

（1）简述创业者注册新公司需要遵循的工商和税务登记流程。

（2）简述企业组织结构的类型。

（3）分别从系统性风险和非系统性风险的角度，简述企业风险防范的主要途径。

（4）简述企业文化的构成。

3. 思考题

结合本章内容,分析案例 11.1 在未来发展中可能遇到的机遇与风险,并谈谈应对风险可采取哪些措施。

课后拓展

本章介绍了新创企业开办的流程及应注意问题的理论基础。限于篇幅,本章只着重介绍了新创企业在公司形式选择、成立、道德伦理问题及可能面临的风险。其实,创办新企业是一个非常复杂的过程,需要做大量的前后期准备工作。那么,你能否再列举一些新创企业应注意的关键问题呢?

附录 1

MBTI 性格类型测试问卷

1) 以下每道题目有两个答案：A 和 B，请仔细阅读题目，按照与你的性格相符的程度，分别给 A 和 B 打分，使每组的两个分数之和为 5，并在表中填上相应的分数。

2) 题目的答案无对错之分，不需要考虑答案太久，而凭心里的第一反应做出选择。

3) 在不同的情境里，两个答案都能反映你的倾向时，请选择对你的行为方式来说最自然的答案。

把分数填写在评分栏中，注意题号及选择项的顺序（见附表1）

附表1 MBTI 测评问卷计分表

I-		E-		N-		S-	
题号	评分	题号	评分	题号	评分	题号	评分
1B		1A		2A		2B	
5A		5B		6B		6A	
9A		9B		10A		10B	
13A		13B		14A		14B	
17A		17B		18A		18B	
21B		21A		22A		22B	
25B		25A		26B		26A	
29B		29A		30A		30B	
合计		合计		合计		合计	
F-		T-		P-		J-	
题号	评分	题号	评分	题号	评分	题号	评分
3A		3B		4A		4B	
7A		7B		8A		8B	

续表

F-		T-		P-		J-	
题号	评分	题号	评分	题号	评分	题号	评分
11A		11B		12A		12B	
15A		15B		16A		16B	
19B		19A		20B		20A	
23B		23A		24B		24A	
27A		27B		28A		28B	
31B		31A		32B		32A	
合计		合计		合计		合计	

1. 你是如何做决定的？

   A. 了解了别人对问题的想法之后，才做出决定

   B. 不和人家协商，就自己做出决定

2. 他人对你的评价是

   A. 有想象力，直觉强

   B. 重视事实，要求准确

3. A. 根据个人感情以及对他人的了解，设身处地为人着想

   B. 根据现有客观资料对情况作系统的分析

4. A. 如果有人愿意承担任务，那就作为任务来安排

   B. 力求任务明确，保证有人承担

5. A. 愿意安静地思考问题

   B. 愿意与人们周旋，活跃，有干劲

6. A. 用所熟悉的有效方法，把工作做完

   B. 设法用新的方法来做工作

7. A. 根据以往生活的经验和人们的是非观念，做出结论

   B. 不掺情绪地根据逻辑进行谨慎分析，最后做出结论

8. A. 避免按照固有计划办事，不给事情规定最后期限

   B. 安排好了的事情，就不再变动

9. A. 遇到问题，不与别人沟通交谈，喜欢独自承担或思考

   B. 喜欢和别人谈话或讨论，不愿独处或独自考虑问题

10. A. 考虑可能实现的问题

    B. 应付现实

11. A. 被认为是一个重感情的人

    B. 被认为是一个爱思考的人

12. A. 作决策周密地考察事物并长时间从各个角度来考虑
    B. 收集所需信息，考虑一下后迅速而坚定地作出决策

13. A. 人家很难了解自己的想法和行动
    B. 常常和别人一道参加各项活动

14. A. 喜欢抽象的、概括性的或理论性的论述
    B. 喜欢具体的或真实的叙述

15. A. 帮助别人了解他们自己的情感
    B. 帮助别人作出具有逻辑的决策

16. A. 不断随现实的变化而寻找新的选择，改变原有选择
    B. 事先对问题的发展和变化有所了解并作出预料

17. A. 自己的思想和感情，一概不外露
    B. 随时与别人沟通自己的思想和感情

18. A. 惯于整体地看待事物
    B. 注重事物的细节

19. A. 用资料与数据、分析与推理来作决策
    B. 用常识和经验来作决策

20. A. 根据事情进展逐步订出计划
    B. 一有必要，就在行动前先期订出计划

21. A. 愿意结识新朋友、了解新事物
    B. 愿意独自一个人或与熟悉的人在一起

22. A. 注重印象
    B. 注重事实

23. A. 信服可以证实的结论
    B. 信服通情达理的说法

24. A. 把有关具体的情况都尽量写在本子上
    B. 尽量不用笔记本或作记录

25. A. 在一个小组内充分地讨论一个未曾考虑过的新问题
    B. 自己冥思苦想一个问题，然后把结果和别人谈

26. A. 准确地执行小心制订的详细计划
    B. 想出计划，搭好架子，但不一定实行计划

27. A. 重视感情
    B. 重视逻辑

28. A. 在一时冲动之下，随意做出一些事情
    B. 事先清楚地知道自己所要做的事情

29. A. 成为人们注意的中心

B. 显得沉默寡言
30. A. 有与实际不完全吻合的想象
    B. 查看实际的细节
31. A. 乐于用理性来分析情况
    B. 乐于体验充满情绪的场景或讨论
32. A. 按安排好的时间开会
    B. 等一切就绪时开会

附录 2

职业价值观测评

说明：下面有 52 道题目，每个题目都有五个备选答案，请根据自己的实际情况或想法，在题目后面圈出相应的字母，每题职能选择一个答案。

A——非常重要

B——比较重要

C——一般

D——较不重要

E——很不重要

1. 工作必须经常解决新的问题。
2. 工作能为社会带来看得见的效果。
3. 工作奖金很高。
4. 工作内容经常变换。
5. 能在工作范围内自由发挥。
6. 工作能使同学、朋友非常羡慕你。
7. 工作带有艺术性。
8. 工作能使人感觉到你是团体中的一分子。
9. 不论怎么干，总能和大多数人一样晋级和涨工资。
10. 工作使自己有可能经常变换工作地点、场所和方式。
11. 工作中能接触到不一样的人。
12. 工作上下班时间比较随便、自由。
13. 工作使自己不断获得成功的感觉。
14. 工作赋予高于别人的权力。
15. 在工作上能实现自己的新想法。
16. 在工作中不会因为身体或能力等因素被人瞧不起。

17. 能从工作的成果中知道自己做得不错。

18. 工作经常要外出，参加各种集会和活动。

19. 只要做这份工作，就不想再被调到其他单位和工种上去。

20. 工作能使世界更美丽。

21. 在工作中，不会有人常来打扰你。

22. 只要努力，工资会高于其他同龄人，升职或涨工资的可能性比干其他工作大得多。

23. 工作是一项对智力的挑战。

24. 工作要求自己把一些事务管理得井井有条。

25. 工作单位有舒适的休息室、更衣室、浴室及其他设备。

26. 工作让自己有可能结识各行各业的知名人物。

27. 在工作中，能和同事建立良好的关系。

28. 在别人眼中，自己的工作是很重要的。

29. 在工作中经常接触到新鲜的事物。

30. 工作使自己能常常帮助别人。

31. 在工作单位中，有可能经常变换工作。

32. 工作作风使自己被别人尊重。

33. 同事和领导人品较好，相处比较随便。

34. 工作会使许多人认识你。

35. 工作场所很好，如有适度的灯光、安静、清洁的工作环境，甚至恒温、恒湿等优越的条件。

36. 在工作中为他人服务，使他人感到很满意，自己也很高兴。

37. 工作需要计划和组织别人的工作。

38. 工作需要敏锐的思考。

39. 工作可以使自己获得较多的额外收入，如常发实物、打折扣的商品、商品提货券，有机会购买进口货等。

40. 工作中自己是不受别人差遣的。

41. 工作结果是一种艺术品而不是一般的产品。

42. 工作中不必担心会因为所做的事情领导不满意而受到训斥或经济惩罚。

43. 工作中能和领导有融洽的关系。

44. 可以看见努力工作的结果。

45. 工作中常常需要提出许多新的想法。

46. 由于自己的工作，经常得到许多人的感谢。

47. 工作成果常常能得到上级、同事或社会的肯定。

48. 在工作中，可能做一个负责人，虽然可能只领导很少几个人，但信奉"宁做兵头，不做将尾"的俗语。

49. 从事的工作经常在报刊、电视中被提到,因而在人们的心目中很有地位。
50. 工作有数量可观的夜班费、加班费、保健费或营养费等。
51. 工作比较轻松,精神上也不紧张。
52. 工作需要和影视、戏剧、音乐、文学等艺术打交道。

【评分与评价】

上面的52道题分别代表十三项工作价值观。每个A得5分、B得4分、C得3分、D得2分、E得1分。请根据下面《评价表》(见附表2)中每一项前面的题号,计算每一项的得分总数,并把它填在附表2中每一项的得分栏上。然后在表格下面依次列出得分最高和最低的三项。

附表2 评价表

得分	题号	价值观	工作的目的和价值
	2,30,36,46	利他主义	直接为大众的幸福和利益尽一份力
	7,20,41,52	审美主义	不断地追求美的东西,得到美感的享受
	1,23,38,45	智力刺激	动脑思考,学习及探索新事物,解决新问题
	13,17,44,47	成就感	不断创新,不断取得成就,不断得到领导和同事的赞扬,或不断实现自己想要做的事
	5,15,21,40	独立性	充分发挥自己的独立性和主动性,按自己的方式、步调或想法去做,不受他人的干扰
	6,28,32,49	社会地位	所从事的工作在别人的心目中有较高的社会地位,从而使自己得到重视和尊敬
	14,24,37,48	管理权	获得对他人或某事物的管理支配权,能指挥和调遣一定范围内的人或事物
	3,22,39,50	经济报酬	获得优厚的报酬,使自己有足够的财力去获得自己想要的东西,使生活过得较为富有
	11,18,26,34	社会交际	能和各种人交往,建立比较广泛的社会联系和关系,甚至能和知名人物结识
	9,16,19,42	安全感	在工作中有一个安稳局面,不会因为奖金、工资、工作调动或领导训斥等经常提心吊胆、心烦意乱
	12,25,35,51	舒适安逸	将工作作为一种消遣、休息或享受的形式,追求舒适、轻松、自由、优越的工作条件和环境
	8,27,33,43	人际关系	希望一起工作的大多数同事和领导人品较好,相处在一起感到愉快、自然,认为这就是很有价值的事,是一种极大的满足
	4,10,29,31	追求新意	希望工作的内容应该经常变换,使工作和生活显得丰富多彩,不单调枯燥

参 考 文 献

[1] 张玉臣，叶明海，陈松. 创业基础［M］. 北京：清华大学出版社，2015.
[2] 李家华. 创业基础［M］. 2版. 北京：清华大学出版社，2015.
[3] 吴晓义. 创业基础——理论、案例与实训［M］. 北京：中国人民大学出版社，2014.
[4] 施永川. 大学生创业基础［M］. 北京：高等教育出版社，2015.
[5] 李肖鸣，朱建新. 大学生创业基础［M］. 2版. 北京：清华大学出版社，2013.
[6] ［美］海尔，［美］布什，［美］奥蒂诺. 营销调研：信息化条件下的选择［M］. 4版. 刘新智，刘娜，译. 北京：清华大学出版社，2012.
[7] 曾振华，李翔，胡国华，等. 市场调查：基本方法与应用［M］. 广州：暨南大学出版社，2006.
[8] 郝渊晓. 市场营销调研［M］. 北京：科学出版社，2010.
[9] ［美］迈克丹尼尔，［美］盖兹. 市场调研精要［M］. 6版. 范秀成，杜建刚，译. 北京：电子工业出版社，2010.
[10] ［美］伯恩斯，［美］布什. 营销调研［M］. 6版. 于洪彦，金钰，汪润茂，译. 北京：中国人民大学出版社，2011.
[11] 柯惠新，丁立宏. 市场调查［M］. 北京：高等教育出版社，2008.
[12] 陈友玲. 市场调查预测与决策［M］. 北京：机械工业出版社，2008.
[13] 陈凯. 营销调研［M］. 北京：中国人民大学出版社，2011.
[14] 梁东，刘健堤. 市场营销学［M］. 北京：清华大学出版社，2006.
[15] 梁文玲. 市场营销学［M］. 北京：中国人民大学出版社，2014.
[16] 李晏墅. 市场营销学［M］. 北京：高等教育出版社，2008.
[17] 张鸿. 市场营销学［M］. 北京：科学出版社，2009.
[18] 胥悦红. 企业管理学［M］. 2版. 北京：经济管理出版社，2013.
[19] 伏玉. 企业管理创新的策略研究［J］. 理论界，2009（1）：209-210.
[20] 金爱兰. 新时期企业文化建设的思考［J］. 铁道经济研究，2013（Z1）：46-48.
[21] 贡志国. 商业计划书及其编制的研究［D］. 西南交通大学，2004.
[22] 孔蕾蕾，邵希娟. 商业计划书财务分析中的常见问题及对策［J］. 财会月刊：综合版，2008（36）：42-43.

[23] 卢福财. 创业通论 [M]. 北京：高等教育出版社，2012.

[24] 王斋. 保洁公司怎样打造企业文化 [J]. 石油政工研究，2012（1）：78.

[25] 周汭. 上海冠方信息技术有限公司创业计划书 [D]. 上海外国语大学，2013.

[26] 宋毅刚. T公司中空玻璃暖边间隔条商业计划书 [D]. 华南理工大学，2015.

[27] 田宝. 宁夏A企业竞争战略的分析研究 [D]. 宁夏大学，2013.

[28] 王丹雪. 宠物短期寄养在线服务平台创业计划书 [D]. 厦门大学，2014.

[29] 杜志明. 佳普乐有限公司创业计划书 [D]. 厦门大学，2013.

[30] 洪爱华. LOVSPORTS公司创业计划书 [D]. 厦门大学，2014.

[31] 郑畅. GQ海品乐淘网商业计划书 [D]. 华南理工大学，2015.

[32] 吴建安. 市场营销学 [M]. 北京：高等教育出版社，2011.

[33] 朱瑞富. 创新理论与技能 [M]. 北京：高等教育出版社，2013.

[34] ［英］贝赞特，［英］蒂德. 创新与创业管理 [M]. 2版. 牛芳，池军，田新，等，译. 北京：机械工业出版社，2013.

[35] 陈永奎. 大学生创新创业基础教程 [M]. 北京：经济管理出版社，2015.

[36] 许湘岳，邓峰. 创新创业教程 [M]. 人民出版社，2011.

[37] ［美］戴尔，［美］葛瑞格森，［美］克里斯坦森. 创新者的基因 [M]. 曾佳宁，译. 北京：中信出版社，2013.

[38] ［美］陈丁琦，［加］萧显杨，［美］陈淑慈，等. 创新之道：创新者必须回答的九个问题 [M]. 陈舸伟，马盼，等，译. 北京：机械工业出版社，2015.

[39] 周苏，褚赟. 创新创业：思维、方法与能力 [M]. 北京：清华大学出版社，2017.

[40] 闻邦椿，刘树英，赵新军. 创新创业方法学 [M]. 中国社会科学出版社，2016.

[41] 仲伟俊，梅姝娥. 企业技术创新管理理论与方法 [M]. 北京：科学出版社，2009.

[42] 赵晶媛. 技术创新管理 [M]. 北京：机械工业出版社，2010.

[43] 吴贵生，王毅. 技术创新管理（第3版）[M]. 北京：清华大学出版社，2013.

[44] 王艳茹. 创业资源 [M]. 北京：清华大学出版社，2014.